Laura D.

Mein teures Studium

Laura D.

Mein teures Studium

Studentin, 19 Jahre,
Nebenjob: Prostituierte

Aus dem Französischen
von Sabine Herting

C. Bertelsmann

Die Originalausgabe erschien 2008
unter dem Titel *Mes chères études. Étudiante, 19 ans,
job alimentaire: prostituée* bei Max Milo, Paris

FSC

Mix

Produktgruppe aus vorbildlich
bewirtschafteten Wäldern und
anderen kontrollierten Herkünften

Zert.-Nr. SGS-COC-1940
www.fsc.org
© 1996 Forest Stewardship Council

Verlagsgruppe Random House FSC-DEU-0100
Das für dieses Buch verwendete FSC-zertifizierte Papier
Munken Premium liefert Arctic Paper Munkedals AB, Schweden.

1. Auflage
Copyright © Laura D. en collaboration avec Marion Kirat, 2008,
Tous droits réservés
Copyright © der deutschsprachigen Ausgabe 2008 beim
C. Bertelsmann Verlag, München, in der Verlagsgruppe
Random House GmbH
Copyright © für das Nachwort »Bafög der besonderen Art«
bei Bernhard Albrecht
Satz: Uhl + Massopust, Aalen
Druck und Bindung: GGP Media GmbH, Pößneck
Printed in Germany
ISBN: 978-3-570-01051-8

www.cbertelsmann.de

»Das erste Wort auf dem Papier ist der Auftakt, alles nimmt seinen Anfang ... Die Verschmelzung von Papier und Tinte, von dir und mir ... Die Liebe, die über sich hinauswächst, die Antwort des Gegenübers. Der Moment, in dem die beiden eins werden; das Schreiben, unser Abenteuer, dieses Buch. Dieser Augenblick, der mich erbeben lässt. Die Realität der Worte, der Tatsachen, der aufgezeichnete Schrecken ... Der Schrecken eines Teils der Studienzeit ... Ein Buch, das von Laura erzählt, doch Laura ist mehr als eine Person ... Sie ist zu viele Personen auf einmal, man muss die Augen öffnen, muss reagieren ...«

Dieses Buch entstand in Zusammenarbeit mit Marion Kirat, 23 Jahre, Studentin an einer Übersetzerschule.

Für meine Schattenschwester

Inhalt

Anhang

Verschließen Sie nicht die Augen

Er steht jetzt vor mir, die Hose zu seinen Füßen. Ich stehe in Unterwäsche vor ihm und sehe, wie er mich lange anstarrt. Ich weiß, in knapp einer Minute wird er mich bitten, mich zu ihm zu setzen, und danach wird mein Körper mir eine Stunde lang nicht gehören. Eine Stunde für hundert Euro.

Ich heiße Laura, ich bin neunzehn Jahre alt. Ich studiere Sprachen und muss mich prostituieren, um mein Studium zu finanzieren.

So ergeht es nicht nur mir. Offenbar machen es vierzigtausend Studentinnen wie ich. Das alles folgte einer seltsamen Logik, ohne dass mir wirklich bewusst wurde, worauf ich mich einließ.

Mir wurden keine Silberlöffel in die Wiege gelegt. Luxus und Wohlstand habe ich nie kennengelernt, doch bis zu diesem Jahr hat es mir an nichts gefehlt. Mein Wunsch zu lernen, meine Überzeugungen haben mich immer denken lassen, meine Studienjahre würden die schönsten, die unbekümmertsten meines Lebens werden. Nie hätte ich gedacht, dass mein erstes Jahr an der Universität sich in einen wahren Albtraum verwandeln würde, der mich aus meiner Heimatstadt flüchten lassen sollte.

Mit neunzehn Jahren prostituiert man sich nicht für ein

Taschengeld. Man verkauft nicht seinen Körper, um sich Kleider leisten zu können oder einen Kaffee zu bezahlen. Man tut es nur aus der Not heraus und redet sich ein, es sei nur vorübergehend, nur für eine Zeit lang, um die Rechnungen, die Miete und das Essen bezahlen zu können. Studentische Prostituierte trifft man nicht auf der Straße an. Sie sind auch nicht drogenabhängig oder Illegale, und nicht alle stammen aus der Unterschicht. Sie können weißhäutig sein, Französinnen, und aus Familien mit bescheidenem Einkommen stammen. Gemeinsam ist ihnen nur der Wunsch, ihr Studium in einem Land zu absolvieren, das ihnen immer mehr Geld für dieses Studium abknöpft. Die Geschichte, die Sie lesen werden, ereignet sich in einer französischen Großstadt. Ich habe sie V. genannt, um meine Eltern zu schützen. Sie dürfen es nicht erfahren. Niemals. Ich bin ihre liebe kleine, geradezu vorbildliche Tochter. Dickköpfig, ja, aber keine Hure.

Selbstverständlich kann man mir vorwerfen, dass ich nicht meinen erbärmlichen Job behalten habe, um aus der Tretmühle auszusteigen. Die meisten studentischen Prostituierten haben, so wie es auch bei mir der Fall war, einen kleinen Nebenjob, und dennoch gelingt es ihnen nicht, aus den roten Zahlen zu kommen. Die Prostitution und ihre enormen Tarife sind eine viel zu große Versuchung, wenn man kein Geld hat und es dringend auftreiben muss.

Dies ist meine Geschichte, und selbst wenn es mir nicht leichtgefallen ist, sie preiszugeben, war meine Hauptmotivation, das Ausmaß der Heuchelei aufzudecken, die die studentische Prostitution umgibt. Die finanzielle Unsicherheit der heutigen studentischen Lebensbedingungen darf nicht länger ignoriert werden. Bis jetzt wissen zu wenige Leute von der Existenz dieses Unwesens.

Dieses persönliche Bekenntnis hat das Ziel, ein Bewusstsein herzustellen und Veränderungen herbeizuführen, damit mittellose Studentinnen niemals mehr ihren Körper verkaufen müssen, um ihr Studium bezahlen zu können. Damit nicht nur der Menschenhandel mit Prostituierten in anderen Ländern Entsetzen auslöst, sondern sich die Bemühungen auch auf die Fälle in Frankreich konzentrieren.

Und schließlich, damit man so etwas nie mehr zulässt, damit man nicht länger die Augen davor verschließt.

Der Bescheid

4. September 2006

Ich schlendere über den Uni-Campus von V. Heute ist kein gewöhnlicher Tag, denn ich schreibe mich für LEA (Langues Étrangères Appliquées), für Angewandte Fremdsprachen, Spanisch und Italienisch, ein.

Vor zwei Wochen habe ich die schriftliche Aufforderung erhalten, ich müsse unbedingt um 14 Uhr 30 im Sekretariat der Universität erscheinen, dort meine Unterlagen abgeben und meinen Studentenausweis entgegennehmen. Ich war ungeheuer aufgeregt und habe eilig alle nötigen Papiere zusammengesucht. Es ist viel Papierkram, doch ich habe es geschafft. Am tollsten war es, das Abiturzeugnis dazuzulegen, denn es symbolisiert sehr konkret das Ende eines Lebensabschnitts. Ich bin auch rasch zur Metrostation gelaufen, um Fotos zu machen. Ich setzte ein breites Lächeln auf, das Lächeln einer Siegerin.

Als ich an diesem Morgen aufstand, habe ich mir, weil ich pünktlich in der Universität sein wollte, die Metroverbindung genau angesehen. Ich wollte keinesfalls die Einschreibung versäumen. Ich habe sogar die öffentliche Verkehrsgesellschaft betrogen, da ich nicht genügend Geld für den Fahrschein hatte. Ich habe mir geschworen, es das Jahr über nicht mehr zu tun und mir eine Dauerkarte zu kaufen, auch wenn sie horrend teuer ist. Ich war fest davon überzeugt, dass die Universität vieles in meinem Leben ändern würde.

In der Metro hielt es mich nicht auf meinem Platz, ich war zu aufgeregt bei dem Gedanken, den Ort kennenzulernen, wo ich studieren und viel Zeit verbringen würde. Mein Walkman, dessen Stöpsel ich normalerweise immer in den Ohren habe, konnte meine Erregung nicht bremsen. Ich vergewisserte mich sogar dreimal, dass ich wirklich alle Unterlagen für die Einschreibung dabeihatte. Ich wollte auf keinen Fall dort ankommen und mir anhören müssen: »Tut mir leid, Mademoiselle, Ihre Unterlagen sind nicht vollständig, Sie können Ihren Studentenausweis nicht bekommen. Sie müssen noch mal wiederkommen.« Nein, Studentin würde ich heute und an keinem anderen Tag.

Ich war so nervös, dass ich fast meine Haltestelle verpasst hätte. Im letzten Moment haben mich die fröhlichen Stimmen einiger Jugendlicher aus meinen Träumereien geweckt. Als sie sich gegenseitig hinausschubsten, erinnerte ich mich, dass auch ich hier aussteigen musste. Ich werde mich an meinen neuen Status gewöhnen müssen: Ich bin jetzt Studentin und keine Schülerin mehr. Ich bin achtzehneinhalb.

Punkt 14 Uhr kam ich auf dem Campus an. Da ich, als ich aus der Metro stieg, nicht genau wusste, wo ich hinmusste, folgte ich einer Gruppe Studenten. Mir blieb noch etwas Zeit, also spazierte ich herum, um mich mit dem Ort vertraut zu machen.

Ich schaue auf einem Plan am Metroausgang nach, wo genau ich mich befinde, damit ich mich nicht verlaufe. Der Campus ähnelt einem richtigen Dorf. Es gibt sogar Schilder, die den Weg zu den verschiedenen Gebäuden weisen. Auf dem Plan mache ich meinen zukünftigen Studienort ausfindig: »Geisteswissenschaften, Gebäude F«. Gebäude F, das ist also mein Standort für dieses Jahr. Ich kann es kaum erwarten, ihn kennenzulernen, wie ein alter Hase die Stufen hinauf- und hinunterzugehen und zu wissen, welche Abkürzung man nimmt, um zu ihm zu gelangen. Ich kann es kaum erwarten, zu dieser Welt zu gehören.

Ich beschließe, einen schnellen Blick zu riskieren, ehe ich mich einschreibe. Ich kann unmöglich wieder nach Hause fahren, ohne gesehen zu haben, wo ich mich im Laufe der nächsten drei Jahre auf meinen Abschluss vorbereiten werde. Als ich davorstehe, muss ich wegen der Septembersonne, einem Nachklang des Sommers, blinzeln. Der Bau ist eher banal, doch das ist mir egal. Heute ist er in meinen Augen gleichbedeutend mit Zukunft.

Ich gebe zu, ich habe mich ein bisschen aus Trotz für das Sprachenstudium entschieden. Ich wollte etwas in Richtung Marketing machen und auf eine Schule gehen, die mir eine erstklassige Ausbildung böte. Ich war immer schon sehr dynamisch und übernehme gerne Verantwortung. Es gefällt mir, dauernd unter Druck zu stehen und mich der Herausforderung zu stellen, die das Verkaufen mit sich bringt. Ich glaube, ich wollte auch so schnell wie möglich eine klare Vorstellung von der Arbeitswelt haben. Ich wollte, dass man mich bestmöglich auf meinen zukünftigen Beruf vorbereitet. Ich suchte den totalen Bruch zum Schülerdasein, das mir wegen seines Protektionismus und der Kindereien eine Last war. Und, seien wir ehrlich, nach einer Wirtschaftsschule eine Arbeit zu finden erweist sich oft als sehr viel einfacher als mit einem Universitätsabschluss. Und zudem noch eine Arbeit, die gut bezahlt ist.

Doch dieser Traum ist im Augenblick unerreichbar. Die Schulen sind viel zu teuer für mich. Und einen Kredit aufzunehmen bedeutet, eine Verpflichtung auf mehrere Jahre hinaus einzugehen, und das kann ich mir nicht erlauben. Im Grunde bezweifle ich ohnehin, dass er mir gewährt worden wäre. Abgesehen von einer vollständigen Tilgung hätte ich nicht einmal eine kleine monatliche Rate zahlen können. Also habe ich diesen Gedanken aufgegeben, um mich nun aus strategischen Gründen in das Sprachenstudium zu stürzen. Ich bin überzeugt, dass ich nach meinem Examen in Spanisch und Italienisch immer noch auf eine Wirtschaftsschule gehen kann, wo es unerlässlich ist, Sprachen zu beherrschen. Außerdem hat Lateinamerika in den letzten Jahren einen beträchtlichen Wirtschaftsaufschwung zu verzeichnen, mit meinem Spanisch und Italienisch werde ich demnach gut aufgestellt sein. Vielleicht kann ich mit diesem kulturellen Rüstzeug alle anderen überholen?

Vor dem Gebäude F habe ich den Kopf noch voller Träume.

Man muss mich nicht bedauern, ich hatte immer etwas anzuziehen und genügend zu essen. Aber Wohlstand und finanzielle Sorglosigkeit kenne ich nicht. Mein Vater ist Arbeiter und meine Mutter Krankenschwester. Beide verdienen genau den staatlichen Mindestlohn SMIC, und davon ziehen sie zwei Kinder groß. Es ist gerade genug, um einigermaßen zurechtzukommen, für Rücklagen hat es nie gereicht. Ich habe kein Anrecht auf Ausbildungsförderung, denn ich gehöre zu den unzähligen Studenten, die sich in der fatalen Spanne befinden: weit entfernt von dem, was man als wohlhabend bezeichnen kann, und nicht arm genug, um finanzielle Unterstützung zu erhalten. Nach der Addition der beiden Familieneinkommen urteilt der Staat, dass meine Eltern in der Lage sind, für meinen Unterhalt aufzukommen. Es gibt keinen Ausweg: Ich muss mich mit dem zufriedengeben, was wir haben.

Ich beende meinen kleinen Rundgang, denn ich möchte wirklich pünktlich im Sekretariat erscheinen. Ich kann es nicht mehr erwarten, ich will meinen Studentenausweis in Händen halten. Ich laufe beinahe.

Dort angekommen, stehe ich vor eine Menschenschlange, die bis draußen vor das Gebäude reicht. Ich Neuling gedulde mich brav. Aber es hieß doch, *unbedingt* um 14 Uhr 30. Hier habe ich den ersten Eindruck vom Studentenleben, das sich oft darauf beschränkt, stundenlang vor den Schaltern der Verwaltung zu warten.

Als ich auf die Schlange zugehe, stürzen sich zwei Mädchen, herausgeputzt mit verschiedenfarbigen T-Shirts, buchstäblich auf mich.

»Hallo, bist du im ersten Semester?«

»Ja, und du?«, frage ich mit einem eher überraschten Lächeln.

Eines der Mädchen schaut mich merkwürdig an. Das ist nicht die Antwort, die sie erwartet, und offensichtlich hat sie nicht vor, mit mir ein Gespräch anzufangen. Doch rasch lächelt auch sie: Ich bin eine leichte Beute.

Sie sind nur aus einem einzigen Grund auf mich zugekommen, sie wollen mich für eine studentische Sozialversicherung werben. Ihren Worten entnehme ich schnell, dass sie diesen Job machen, bevor die Vorlesungen wieder anfangen, und auf Provisionsbasis bezahlt werden. Sie stehen sichtlich in Konkurrenz zueinander, also im Krieg, denn auch wenn sie nicht heftig werden, schneiden sie sich immer gegenseitig das Wort ab und schubsen sich fast, um direkt vor mir zu stehen. Ich verstehe nicht genau, was ich tun muss, all das ist neu für mich. Sie reden schnell und undeutlich, ich schnappe nur jedes zweite Wort auf. Da eine überzeugender sein will als die andere, wird ihrer beider Rede völlig unverständlich. Ich freue mich nur an diesem surrealen Spektakel, wobei mir beide leidtun. Sie verhalten sich so, um ein bisschen Geld zu verdienen, und ich würde meine Hand dafür ins Feuer legen, dass sie normalerweise sanft wie Lämmchen sind.

»Hast du dich entschieden?«

Die beiden Kämpferinnen sehen mich an, der Wettkampf ist beendet. Sie appellieren an meine Urteilskraft, ich soll entscheiden. Ich habe gar nicht zugehört.

»Äh... ich... ich habe schon eine Sozialversicherung!«

Ja, klar, das ist eine gute Ausrede. Eine von beiden, sichtlich enttäuscht und nicht gewillt, weiter ihre Zeit mit mir zu vergeuden, geht sofort weg. Die andere lässt mich nach einigen Minuten aus ihren Fängen, nachdem sie ein letztes Mal versucht hat, mich davon zu überzeugen, zwei Versicherungen seien besser als eine, und meine sei vielleicht nicht die beste, und *wenn du deine Entscheidung noch einmal überdenkst, wirst du merken, dass...* blabla.

Vor einem solchen sinnentleerten Plädoyer wende ich mich ab und stelle mich in die Schlange. Es ist 14 Uhr 30, die Zeit meines Termins. Aber sich an allen anderen vorbei ins Sekretariat drängeln tut man sicherlich nicht, selbst mit den besten Erklärungen. Ich beschließe also, brav zu warten, und stelle mich hinter einen riesigen Kerl. Ich schiele auf seinen Bescheid, er sieht genauso aus wie meiner. Nur dass mitten auf dem Blatt mit rotem Filzstift »14 Uhr« steht. 14 Uhr! Seit wann steht er denn hier?

Neben mir höre ich Stimmen von älteren Studenten

aus dem vierten oder fünften Jahr. Sie schimpfen, dass es nicht vorwärtsgeht. Wahrscheinlich ist es jedes Jahr dasselbe. Aber was soll's, ich habe weder Lust noch die Kraft, mich heute aufzuregen. Ich gerate also nicht in die Krise und beteilige mich auch nicht an den allgemeinen Unmutsbekundungen.

Nach einer halben Stunde frage ich mich dann aber doch, ob man mich nicht vielleicht vergessen hat. Ich halte rasch einen Mann auf, der einen Sticker mit dem Sigel der Universität trägt.

»Entschuldigen Sie bitte, aber ich hatte einen Termin um 14 Uhr 30. Ich warte schon fast eine halbe Stunde.«

Dabei wedle ich mit dem Brief vor seinen Augen. Ohne auch nur einen Blick darauf zu werfen, antwortet er mir in verächtlichem Ton: »Ja, Mademoiselle, wie alle hier.«

»Ja und? Soll ich weiter warten? Werde ich heute noch drankommen?«

»Man tut, was man kann.«

»Man tut, was man kann...« Das ist doch keine Antwort! Ich hatte gerade meine erste Begegnung mit der Verwaltung der Universität, und die ist nicht gerade erhebend.

Angesichts dieser ausweichenden Antwort beschließe ich, weiter zu warten. Innerlich werfe ich mir vor, kein Buch eingesteckt zu haben, ich hätte die Zeit besser nutzen können. Dennoch krame ich in meiner Tasche, doch nichts, nicht einmal eine Zeitung oder ein blöder Prospekt, den ich lesen könnte. Ich bedaure, dass ich die beiden Mädchen so schnell habe abblitzen lassen; ich hätte zumindest die Broschüren entgegennehmen können, die hätten mich fünf Minuten lang beschäftigt.

Blöderweise habe ich mich heute schick gemacht. Ich

habe meine alten Stöckelschuhe angezogen, als ginge ich zu einer wichtigen Verabredung. Doch jetzt hier in dieser Schlange hasse ich mich für diese Entscheidung. Wenn ich es wagen würde, stünde ich barfuß hier.

Nach anderthalb Stunden Warten komme ich endlich ins Sekretariat. Ich beobachte alle besetzten Schalter, um zu sehen, welcher als Erster für mich frei wird. Ich murmle vor mich hin, ich bin müde von diesem Tag. Meine gute Laune ist verflogen, ich will nur meinen Studentenausweis abholen und dann gehen.

Endlich winkt mich eine junge Frau zu sich. Ich eile auf sie zu, mit einem Lächeln auf den Lippen, glücklich darüber, es bald geschafft zu haben. Sie sieht mich an, als hätte ich ihr einen blöden Witz erzählt, der nur mich zum Lachen bringt. Nicht wirklich kooperativ, um mich wieder aufzumuntern, die Gute!

Dann kommt der penible Moment des Bezahlens.

»Bezahlen Sie mit Scheck?«

Ja, meine Mutter hat mir letzte Woche einen Scheck ausgestellt. Einen Blankoscheck. Ich höre sie noch zu mir sagen: »Vorsicht, Laura, gib Acht, dass du ihn nicht verlierst! Nicht auszudenken, wenn ihn jemand findet!« Ich hatte immer schon eine Vorstellung von Geld, und kaum hat sich der Scheck in meinen Händen befunden, habe ich die Macht abgeschätzt, die in ihm steckt. Sorgsam habe ich ihn in mein Täschchen gesteckt, das ich dann in die abschließbare Schublade meines Schreibtischs gelegt habe. Nur ich kann sie öffnen, und selbst wenn ich meinem Freund vertraue, mit dem ich zusammenwohne, treffe ich lieber meine Vorkehrungen. Man weiß ja nie.

»Ja, per Scheck!«

»Da Sie keine staatliche Ausbildungsförderung bekommen, aber eine studentische Sozialversicherung haben, macht das insgesamt ... 404 Euro 60!«

Welch eine lächerliche Summe! Ich reiche ihr den Scheck und versuche, meine Grimasse vor ihr zu verbergen. Wortlos stempelt sie, kritzelt überall Zeichen auf meine Unterlagen und deutet auf den Schalter für die Studentenausweise. Das Ganze ist in zwei Minuten erledigt.

Der Mann, der sich um die Ausweise kümmert, ist nicht freundlicher und reißt mir fast meine Schulbescheinigung aus den Händen. Mit automatischer Geste druckt er meinen Studentenausweis auf ein Stück Plastik, reicht es mir und nimmt schon das nächste Blatt an sich.

Das ist mir jetzt völlig egal, endlich habe ich meinen Studentenausweis. Geschafft, ein neues Kapitel meines Lebens nimmt seinen Anfang! Ich bin zuversichtlich und heiter, ich halte mit diesem blöden Stück Plastik meine Zukunft in Händen.

Laura D., erstes Jahr Angewandte Sprachen.

Erleichtert mache ich mich auf den Weg zurück zur Metro.

Kapitel 2

Die Forderung

8. September 2006

Nach einem Arbeitstag im Restaurant betrete ich meine
Wohnung, in der ich mit meinem Freund Manu lebe. Wir
sind seit einem Jahr zusammen und vor zwei Monaten zu-
sammengezogen.

Damals suchte ich gerade verzweifelt nach einer Unterkunft, in der ich ab Anfang des Studienjahrs wohnen
könnte. Ich hatte überhaupt kein Geld, und meine Eltern konnten mich finanziell nicht unterstützen. Außerdem leben sie nicht in V. Seit meinem Abitur wusste ich,
dass ich unbedingt hier studieren wollte. Manu lebte hier
schon seit Beginn seines Physikstudiums, und der Gedanke, mit ihm gemeinsam in dieser Stadt zu sein, gefiel
mir. Ich habe also angefangen, eine Wohnung zu suchen.
Ich habe das Studentenwerk und seine Kleinanzeigen abgeklappert, um ein Zimmerchen zu finden. Mir ist schnell
klar geworden, dass eine richtige Wohnung viel zu teuer
war, ja völlig unerschwinglich. Ich wollte einfach ein
Dach über dem Kopf, doch selbst das schien unerreichbar.
Ich erhoffte mir nichts Luxuriöses. Das ließen meine Finanzen sowieso nicht zu.

Ich steckte in der Klemme. Da ich keine Ausbildungsförderung bekam, hatte ich keinerlei Unterstützung vom
Staat, und meine Eltern konnten mir keine zweihundert

Euro für die monatliche Miete überweisen. Auch Wohngeld bekam ich nicht. Ich musste mir eine Arbeit suchen oder auf mein Studium verzichten, ich sah keine andere Möglichkeit, dieser Situation zu entkommen. Das Studentenwerk bevorzugte Stipendiaten für die Zimmer im Studentenheim. Viele Studenten arbeiten nebenbei, doch das sind oft dieselben, die durchs Examen fallen oder im Laufe des Jahres das Studium abbrechen. Ich konnte mein Studium nicht aufgeben, denn ich wusste, dass ich damit meine Zukunft aufs Spiel setzen würde. Wenn ich es für eine Arbeit an den Nagel hängte, zöge ich damit einen Schlussstrich unter meine Ambitionen.

Unablässig suchte ich weiter nach einem Wunder in den Gratiszeitungen mit den Kleinanzeigen. Gleichzeitig habe ich mich sogar in Obdachlosen-Wohnheimen erkundigt. Ich versuchte mir einzureden, dies sei die einzige Möglichkeit zu studieren, die mir bliebe, und ich könnte mir, wenn ich erst einmal da sei, etwas anderes suchen. Doch mich schauderte bei dem Gedanken, in einem solchen Heim zu übernachten, diese Situation erschien mir unglaublich erniedrigend.

Ich war verzweifelt, weil sich keine zufriedenstellende Lösung abzeichnete. Als ich eines Tages vor Wut weinte, packte Manu die Gelegenheit beim Schopf.

»Wir können doch zusammenwohnen! Das wäre genial! Zusammen könnten wir eine nicht zu teure Wohnung finden, und wir wären die ganze Zeit zusammen!«

Seine Augen strahlten. Die Idee gefiel mir, doch meine finanziellen Schwierigkeiten blockierten mich.

»Manu, ich kann nicht, ich habe kein Geld! Ich habe kaum genug für ein Zimmerchen, und eine Wohnung für zwei…!«

»Du könntest doch neben deinem Studium arbeiten, die Uni fordert nicht so viel Zeit!«

Ich habe meine Bedenken vorgebracht. Manu kommt aus einer relativ wohlhabenden Familie und macht sich manchmal nicht klar, welchen Ausgaben ich mich gegenübersehe. Um mich zu überzeugen, hat Manu mir die Webseite der Universität gezeigt, auf der die Semesterwochenstunden der Studiengänge stehen. Mein Stundenplan war ziemlich voll, doch es war machbar. Ich war hingerissen von diesem Zipfel eines Traums, den Manu mir reichte.

»Du kannst es schaffen, ganz bestimmt! Komm, sag schon Ja, es wäre klasse, wenn wir die ganze Zeit zusammen sein könnten! Und im Grunde genommen hast du keine Wahl!«

Es stimmt, ich hatte keine richtige Wahl. Vor Freude fiel ich ihm um den Hals. Schon am nächsten Tag nahm Manu mich in seiner Wohnung auf. Für mich war das der große Luxus. Eine Wohnung mit einem extra Schlafzimmer im Zentrum von V., ich fühlte mich wie eine Prinzessin in ihrem Palast! Ich habe meine beiden schweren Koffer im Eingangsflur abgestellt, bin durch die Wohnung gewirbelt und habe ihn in meinen Tanz hineingezogen.

Meine Eltern hat diese Lösung erleichtert, obwohl sie Manu nicht besonders mochten. Es war ihnen lieber so, als dass ihre Tochter einen bescheuerten Job machen oder, schlimmer noch, auf der Straße schlafen müsste.

Den ganzen Sommer über habe ich in einem Restaurant unten in unserem Haus gearbeitet, um zumindest unsere Lebensmittel bezahlen zu können. Das wenige, das mir übrig blieb, war nicht mehr als ein Taschengeld.

Unser Deal ist, dass er in Anbetracht meiner Finanzlage

die Miete und die Rechnungen bezahlt und ich mich um den Rest kümmere. Obwohl er es mir nicht sagt, weiß ich doch ganz genau, dass nicht er die Miete zahlt. Seine Mutter überweist sie ihm jeden Monat und außerdem noch ein üppiges Taschengeld. Dazu sage ich nichts, ich liebe ihn zu sehr, und da ich bei ihm wohne, sehe ich es als normal an, mich an den Kosten zu beteiligen, soweit es meine Mittel zulassen. Ich komme schon irgendwie zurecht. Manchmal, wenn ich zu meinen Eltern fahre, packe ich ein, was ich im Kühlschrank finde oder was meine Mutter mir gibt.

In diesem Sommer klappte alles perfekt. Wir waren glücklich, verliebt, köchelten uns leckere Gerichte, und hin und wieder gingen wir mit Freunden etwas trinken. Die meiste Zeit verbrachten wir vor dem Fernseher, ich in seine Arme geschmiegt, er immer mit einem Joint zwischen den Lippen. Ich genoss das Leben in vollen Zügen, mit meinem geliebten Freund neben mir schien mir alles so viel leichter.

An diesem Abend komme ich erschöpft von der Arbeit nach Hause, nach zwei Überstunden, die mir, wie ich weiß, nicht bezahlt werden. Ich werde in diesem Job total ausgebeutet, doch es ist die einzige Möglichkeit, die ich auf die Schnelle gefunden habe, um mich an den Kosten beteiligen zu können. Ich weiß auch, dass ich mit dieser Arbeit, wenn ich sie das ganze Jahr machen sollte, immer müde sein werde, doch im Augenblick geht es nicht anders. Ich werde etwas anderes finden, wenn ich meinen Stundenplan habe, wenn ich genau weiß, zu welcher Zeit ich an der Uni sein muss.

Manu ist da, er sitzt vor dem Fernseher. Ich rufe ihm ein freudiges »Hallo« zu, setze mich neben ihn und drücke ihm einen dicken Kuss auf die Backe. Etwas Merkwürdiges geschieht, er reagiert nicht auf meine Begeisterung.

»Was ist los? Ist alles in Ordnung?«

»Ja, geht schon«, antwortet er ausweichend.

»Bist du sicher? Es sieht nicht danach aus ...«

Manu macht den Fernseher aus und sieht mich endlich an. Er zögert einen Moment, dann gibt er sich plötzlich einen Ruck.

»Laura, wir wohnen hier dieses Jahr zusammen, und ich möchte, dass du dich an der Miete beteiligst.«

Ich schweige erst einmal und sehe ihn unverwandt an.

»Ja, ich verstehe. Aber ich verdiene nicht so viel im Restaurant. Wie viel willst du von mir?«

»Die halbe Miete, dreihundert Euro. Du verstehst, ich werde nicht ganz allein alles zahlen können ...«

Ganz allein! So ein Lügner! Er weiß nur zu gut, dass ich genau diese Summe mit meinem Kellnerjob verdiene und dass mir, wenn ich sie ihm überweise, nichts mehr bleibt. Um mir Balsam auf die Wunde zu träufeln, sage ich mir, das ist die Gelegenheit, mit diesem Kellnerjob aufzuhören und eine andere Arbeit zu suchen.

»Sehr gut, ich werde mir eine andere Arbeit suchen müssen, denke ich.«

»Ja, ich glaube, du hast recht. Und die Lebensmittel kaufen wir alle zwei Wochen im Wechsel ein, bist du damit einverstanden?«

Geldnot bringt die Menschen immer in eine dermaßen peinliche Lage, dass sie nichts zu entgegnen wagen. Ich beschränke mich darauf einzuwilligen.

»Okay, wie du willst.«

Ich setze mich auf das Sofa und mache den Fernseher an, um nicht weiterreden zu müssen. Das ist das einzige Mittel, das mir eingefallen ist, um dem verlegenen Schweigen, das sich zwischen uns breitgemacht hat, ein Ende zu setzen. Am Abend schlafe ich in seinen Armen ein, um mir einzureden, dass diese Geldgeschichten normal sind und uns nicht trennen werden. Zwei Tage später nehme ich bei einer Firma für Telemarketing eine Halbtagsstelle an.

Kapitel 3

Beginn des Studienjahrs

17. September 2006

Ich habe meinen Stundenplan in der Hand und renne, weil
ich meinen ersten Kurs nicht verpassen will. Ich komme
gerade eben erst aus dem Sekretariat, wo ich mich für die
Lehrveranstaltungen eingeschrieben habe. Und das, wo
ich doch geglaubt hatte, ich hätte nach dieser endlosen
Warterei der letzten Tage alle Verwaltungsangelegen-
heiten hinter mir, da lag ich völlig falsch!

Nach der Einschreibung bei der Verwaltung musste ich
in das Gebäude der Sprachwissenschaften, um mich für die
Kurse registrieren zu lassen. Ich habe nur um die zwanzig Stunden, auf die ganze Woche verteilt. Ungeduldig
habe ich auf diesen Stundenplan gewartet, um mein Leben organisieren und strukturieren zu können. Ich werde
neben meinem Studium weiter arbeiten können. Gleich
morgen rufe ich das Telemarketingunternehmen an, um
meine Arbeitsstunden neu festzulegen.

Diese ganze Prozedur ging eher flott, schnell habe ich
meinen Stundenplan bekommen, doch jetzt komme ich
zu spät zu meiner ersten Lehrveranstaltung. Ein Blick auf
das Blatt zeigt mir, dass ich für ein Seminar über spa-
nische Kultur in den dritten Stock muss. Ich stürme die
Stufen hinauf, alles in mir drängt danach zu lernen.

Leise betrete ich den Saal, die anderen Studenten sitzen bereits. Unhörbar murmele ich: »Entschuldigen Sie bitte.« Der Professor wirft mir einen flüchtigen Blick zu, dann greift er wieder nach seiner Namenliste.

»Sie sind?«

»Laura, Laura D.«

Nachdem er etwas auf sein Blatt gekritzelt hat, macht er mir Zeichen, ich solle mich setzen. Ich nehme neben einem anderen Mädchen Platz. Das weibliche Geschlecht ist hier und bestimmt im ganzen Jahrgang zahlenmäßig weit in der Mehrheit.

Der Professor bittet uns, weil er uns besser kennenlernen möchte, einen Zettel auszufüllen. Ach, immer diese Zettel! Bis jetzt keine wirklichen Unterschiede zum Gymnasium, sicher werden sie uns in jedem Kurs um einen bitten. Am Ende der Woche kann ich sie bestimmt in wenigen Sekunden ausfüllen.

Auf dem Zettel gibt es auch ein Feld »persönliche Ziele«. Mit dieser Frage halte ich mich lange auf. Weiß ich denn, was ich wirklich machen will? Ich will ins Geschäftsleben, das ja, aber in welche Branche genau? Ich habe ganz viele Ansichten, was die Aufgaben angeht, die mir voll und ganz entsprächen, aber gibt es eine feste Bezeichnung, ein genau umrissenes Profil dafür? Ich schreibe alles auf, wovon ich träume, ich vertraue diesem Unbekannten alle meine Erwartungen an, alle Hoffnungen, die ich mit der Universität verbinde. Doch es fehlt noch etwas.

Ich kaue auf meinem Bleistift herum und starre an die Decke. Nach einigen Minuten schreibe ich ganz unten auf die Liste meiner Zukunftsträume: *Das Leben in vollen Zügen genießen.*

Natürlich ist das nicht die Antwort, die der Professor

erwartet, wenn er denn überhaupt eine spezielle erwartet, aber diese hier entspricht mir am meisten.

Der Kurs beginnt, und mit jeder Minute, die vergeht, danke ich dem Himmel, dass er mir das Geschenk gemacht hat, hier in diesem Saal zu sein. Meine Mutter hat über vierhundert Euro ausgeben müssen, damit ich hier sein darf, aber sie hat es ohne Zögern getan, denn sie weiß sehr gut, dass meine Zukunft davon abhängt. Sie hat immer nur das Beste für ihre Töchter gewollt. Ich werde lernen, ich werde Erfolg haben.

Der Kurs ist ausschließlich auf Spanisch. Mein Vater ist Spanier, und selbst wenn er mit mir nie in seiner Muttersprache gesprochen hat, habe ich in den Ferien, die wir bei seiner Familie verbracht haben, Spanisch gelernt.

Der Prof verteilt eine Bücherliste für das Jahr.

»Ich bitte Sie um große Genauigkeit. Wenn Sie erfolgreich sein wollen, müssen Sie sie alle äußerst aufmerksam lesen und sich Notizen dazu machen.«

Ich sauge seine Worte auf. Ja, selbstverständlich werde ich sie alle lesen, ich habe immer sehr gerne gelesen, das ist kein Problem!

»Es sind einige darunter, die Sie nicht in der Bibliothek finden werden. Ich habe sie angefordert, aber sie sind immer noch nicht da. Sie werden sie wohl aus eigener Tasche bezahlen und sich verständigen müssen, um sie sich untereinander auszuleihen ...«

Dieser Punkt begeistert mich schon weniger. Bücher in Originalsprache sind immer sehr teuer, mindestens fünfzehn Euro, und wenn ich mir auch vielleicht ein oder zwei leisten kann, werde ich nicht all diese zusätzlichen Kosten aufbringen können.

Ich nehme die Liste und fahre zusammen, als ich ihren

Umfang sehe. Ich knirsche mit den Zähnen, als ich etwa zehn Bücher darauf entdecke, die ich mir besorgen muss. Schnell stecke ich sie in meine Tasche, ich will mir nicht den Tag verderben. Es bleibt mir noch genügend Zeit, darüber nachzudenken.

»Außerdem akzeptiere ich keine unentschuldigte Abwesenheit. Nach dreimal verweigere ich Ihnen die Zulassung zur Prüfung in meinem Fach.«

Das ist eindeutig, klar und präzise. Nun ist es meine Entscheidung, ob ich es wirklich schaffen will oder nicht. Ich habe die Karten in der Hand.

Die Stunde geht rasch vorüber, ich habe mich nicht eine Sekunde gelangweilt, nicht wie im Gymnasium, wo ich alle fünf Minuten auf die Uhr geschaut habe. Ich gehe zum nächsten Kurs und stehe zum ersten Mal in einem richtigen Hörsaal. Ich bin so beeindruckt, dass mir der Atem stockt. Ich bin nicht die Einzige, viele andere bleiben auch einige Sekunden stehen und bewundern den riesigen ansteigenden Saal. Nur die Wiederholer suchen sich rasch einen Platz. Wie bei der Einschreibung kennen sie sich aus, sie können es sich erlauben, blasiert zu tun.

Ich betrachte den Saal und weiß bereits, dass es mir eine große Freude sein wird, hier zu lernen. Ich werde nur eine gut versteckte Nadel im Heuhaufen sein, man wird mich nicht bemerken, man wird mich nicht kennen. Die Professoren werden nicht ihren Unterricht unterbrechen, um spitze Bemerkungen über meine letzte Hausaufgabe zu machen. Die Universität ist eine Dienstleistung: Uns werden Lehrveranstaltungen angeboten, an denen wir teilnehmen können oder auch nicht und die wir auffassen, wie wir wollen. Die Universität weckt Verantwortungsgefühl, ich bin bestimmt nur eine Nummer unter vielen, aber es ist nun an mir, mich dieser Herausforderung zu stellen oder auch nicht. Diese Atmosphäre, wo man uns bereits wie Erwachsene betrachtet, gefällt mir sehr.

Endlich ist er da, der endgültige Bruch mit dem Gymnasium. Schon nach einem Tag spüre ich, dass hier alles anders sein wird. Mein letztes Jahr vor dem Abitur hat in mir unauslöschliche Spuren hinterlassen, Leiden, denen ich hier nicht ausgesetzt sein werde, davon bin ich überzeugt.

Ich erinnere mich, wie mich in der Abiturklasse ein Geschichtslehrer vor der ganzen Klasse gedemütigt hat, indem er mich persönlich angriff. Nach einer überraschenden Klassenarbeit, in der ich eine recht mittelmäßige Note bekommen hatte, hat er mich als »unfähig« bezeichnet. Ich hatte mit dem gleichgültigsten Augenaufschlag reagiert. Solche Überlegungen zu meiner Person konnte ich bestens wegstecken, das ließ mich völlig ungerührt, denn dieser Lehrer interessierte mich nicht im Geringsten, und er hat mich immer schon wie ein kleines Mädchen behandelt. Das Drama kam erst mit dem nächsten Satz.

»Keine Reaktion, Laura? Ich beglückwünsche Sie nicht, mir scheint, Sie sollten Ihre Zukunft, die im Augenblick äußerst wackelig ist, sehr ernsthaft überdenken.«

All diese Gemeinheit für meine erste und einzige Note unterm Durchschnitt! Doch damit nicht genug.

»Geben Sie es zu, Sie sind sehr unaufmerksam, Sie sind in den Stunden nicht bei der Sache. Man erntet nur, was man sät, Laura. Ihre Eltern scheinen mir sehr unverantwortlich ...«

Als ich das Wort »Eltern« hörte, stockte mir das Blut. Wie konnte es sich dieser Mann herausnehmen, wegen nichts als einer banalen Note über meine Familie zu urteilen? Innerhalb einer Sekunde drehte ich durch. Meine Banknachbarin versuchte, mich zu bremsen, doch es war zu spät, die Wut rauschte bereits durch meine Adern. Und ehe der inquisitorische Lehrer überhaupt die Zeit hatte, Weiteres zu sagen, stürzte ich den Tisch mit allem, was sich darauf befand, um. Die Angstattacken, unter denen ich immer wieder leide, waren noch nie so stark wie an jenem Tag. Schwungvoll griff ich nach meiner Tasche und rauschte aus dem Klassenzimmer.

Am Tag darauf meldete ich mich als externer Prüfling zum Abitur an. Da ich diese kindische Atmosphäre der Schule nicht mehr ertrug, habe ich sie ganz einfach verlassen. Heute weiß ich, dass ich übermäßig reagiert habe und meinen Stolz besser hätte kontrollieren sollen. Doch in jenem Augenblick war ich dazu nicht in der Lage. Meine Eltern haben das überhaupt nicht verstanden und dachten anfangs, es wäre eine vorübergehende Krise. Doch als sie sahen, dass ich morgens nicht mehr aufstand und dann meine Zulassung als externer Prüfling bekam, haben sie den Ernst meiner Entscheidung begriffen. Dennoch weckten sie mich weiterhin jeden Morgen, sie schüttelten mich, damit ich zur Schule ginge, aber ich weigerte mich. Meine Mutter hat mich angefleht, ich möge in die Schule zurückkehren, sie hat sogar geweint.

»Du weißt nicht, was du tust! Du machst alles kaputt! Laura, ich bitte dich, die Schule ist zu wichtig, als dass man einfach so mir nichts, dir nichts aufhört! Du kannst nicht aufhören, nicht drei Monate vor dem Abitur!«

Ich habe meinen Eltern nie den Grund für meine Entscheidung offenbart. Sie wären zu traurig gewesen. Ich schüttelte nur den Kopf und sagte immer wieder, ich ginge da nicht mehr hin. Ab jenem Augenblick hat mein Vater kein Wort mehr mit mir gesprochen. Wir sprachen schon immer wenig miteinander, aber jetzt hatte ich noch eins draufgelegt, ich hatte ihn zutiefst enttäuscht. Selbst heute spüre ich es sofort, wenn er mich in den Arm nehmen und mir sagen will, dass er mich liebt; doch dann wendet er sich ab und geht leise und stumm davon.

Drei Monate lang habe ich also zu Hause gelernt, habe mich über den laufenden Unterricht und die Bücher informiert. Meine Mutter hat mich, ohne dass es mein Vater wusste, unterstützt, er billigte meine Entscheidung nicht – und würde sie nie billigen. Im Juli hatte ich mein Abiturzeugnis mit der Note »befriedigend« in der Hand. Wie stolz ich an diesem Tag war! Meine Mutter hat vor Freude geweint, als ich es ihr am Telefon verkündete. Mein Vater hat am Abend deswegen kein Wort mehr als sonst gesprochen, und schweigend haben wir gegessen, denn es kam nicht in Frage, dass wir etwas feierten.

Heute ist mir klar, dass ich viel Glück hatte. Ist es wirklich Glück oder die Motivation, der unbändige Wille, erfolgreich zu sein? Genau in diesem Augenblick weiß ich, dass mir hier in diesem ansteigenden Hörsaal so etwas nicht passieren kann. Im Allgemeinen haben die Professoren viel zu viele Studenten, als dass sie sich an alle Namen erinnern, jeden Einzelnen beachten und somit beleidigen könnten. Hier arbeitet jeder nur für sich.

Im Laufe des Tages gehe ich noch zu einigen anderen Seminaren und Übungen: Übersetzung, Sprachlabor. Nach fünf Stunden Unterricht mache ich mich auf den Rückweg zu meinem behaglichen Nest, wo mein Liebster mich erwartet. Es ist wirklich ein schöner Tag, wie könnte ich glücklicher sein? Ich habe einen Freund, der mich liebt und mit dem ich mitten in V. in einer gemeinsamen Wohnung lebe, ich studiere, und auch wenn ich nicht viel Geld habe, so bin ich gesund. Was will man mehr?

Ich steige in die überfüllte Metro. Ich schaffe dieses Jahr, ich weiß es, ich spüre es, ich will es.

Kapitel 4

Alltag

4. Oktober 2006

Ich komme erschöpft von der Uni nach Hause. Am Mittwochabend habe ich bis acht Uhr abends Seminar, dann fahre ich etwa eine dreiviertel Stunde Metro. Ich bin müde vom Tag zuvor: Ich habe bis einundzwanzig Uhr gearbeitet. In der U-Bahn denke ich an Manu, ich sehne mich nach ihm. Ich denke an das leckere Essen, das er für uns gekocht haben wird, vielleicht hat er auch den Tisch gedeckt und mit Kerzen geschmückt.

Als ich an diesem Abend nach Hause komme, weiß ich auch, dass wir über den ersten gemeinsam verbrachten Monat reden werden. Ich fürchte diesen Augenblick, denn ich weiß, dass wir so manches auf dem Herzen haben, über das wir schweigen. Unser Leben ähnelt heute mehr und mehr einer Wohngemeinschaft. Wir sehen uns nur am Abend, und kaum zu Hause, schlinge ich ein Essen hinunter, um dann für meine Seminare zu lernen.

Anfangs gab sich Manu damit zufrieden, er zog zwar manchmal ein Gesicht, aber sagte nur: »Komm, mach dich an die Arbeit, du musst was tun.«

Er verbringt den Abend vor dem Fernseher, er muss nur sehr wenig für die Uni lernen. Ich verziehe mich schweigend ins Zimmer, nachdem ich ihn ein letztes Mal umarmt habe.

Manu gehört zu dieser winzigen Gruppe von Menschen, die von Natur aus eine leichte Auffassungsgabe haben. Er glänzt in seinem Fach, ohne dass ich ihn je hätte büffeln sehen. Manchmal bin ich neidisch auf ihn, auf seine Intelligenz und auf seine Fähigkeit, die Dinge so aufzunehmen, wie sie kommen. Ich hingegen arbeite oft bis tief in die Nacht.

Wenn Manu ins Bett möchte, kommt er brav ins Zimmer: für mich das Signal, dass ich jetzt in der Küche am Plastiktisch weiterarbeiten muss. Manu schläft bereits tief und fest, wenn ich zu ihm ins Bett schlüpfe. Ich lege mich hin und schlafe umgehend ein. Morgens mache ich mich auf den Weg zur Universität oder zur Arbeit, je nach Wochentag.

Bis jetzt hat mir dieser Trott gefallen, weil ich ihn mit ihm gemeinsam gelebt habe. In der Telemarketingfirma, im Callcenter, verdiene ich ungefähr vierhundert Euro. Ich habe ihm die heiß erwarteten dreihundert Euro Miete für den September gegeben und so getan, als wüsste ich nicht, dass er sie abends mit seinen Kumpels vor allem für Joints ausgibt. Jetzt bleibt mir nicht mehr viel bis zum Monatsende, kein Cent, um mich zu amüsieren, ein bisschen zu shoppen oder gar mit meinen Freundinnen auszugehen. Aber trotzdem will ich nichts kaputtmachen, unsere Geschichte ist zu schön. Noch nie habe ich jemanden so sehr geliebt wie Manu.

Doch alles hat sich sehr schnell, in nicht einmal einem Monat, zum Schlechten gewendet. Da er es leid war, die Abende allein vor dem Fernseher zu verbringen, geht Manu mittlerweile sehr oft aus und kommt manchmal erst in den Morgenstunden zurück. Anfangs habe ich mich damit abgefunden, da ich ihm zwischen meinen Büchern und meinem Job nichts Besseres bieten konnte. Ich bin auch froh darüber, mir meine Unabhängigkeit und meine Freiheit zu bewahren. Doch seit Kurzem wird mir die Zeit wirklich lang. Oft ist Manu abends, wenn ich heimkomme, schon unterwegs zu seinen Freunden. Ich sehe, ob er schon lange weg ist oder nicht: Manchmal liegt im Wohnzimmer die noch qualmende Kippe eines Joints im Aschenbecher. Mir widmet er nur wenig Zeit. Da mich der Rhythmus meines Alltags aufreibt, habe ich nicht die Kraft oder den Mut, auf ihn zu warten, und fast jeden Abend schlafe ich allein in unserem Bett ein. Oft reizt es mich, mich aufs Sofa zu setzen und seinen Joint zu Ende zu rauchen, aber ich tue es nie. Weil er mir Vorwürfe machen könnte und vor allem, weil es mich am Lernen hindern würde.

Im Laufe der Tage ist Manu mir gegenüber immer saurer und knickriger geworden. Seine ganze Kohle gibt er in Kneipen und für Hasch aus. Anfangs glaubte ich, ich würde mich täuschen, ich konnte mich mit dieser Realität nicht anfreunden. Aber es ist offensichtlich, Manu erträgt das, was nur noch ein banales Zusammenwohnen ist, sehr schlecht und lässt es mich jeden Tag spüren. Ich kann das Leben nicht mehr so leicht nehmen wie früher unter dem Dach meiner Eltern.

Schlimmer noch, ich habe den deutlichen Eindruck, dass Manu mich verhöhnt. Dauernd trägt er stolz neue Klamotten zur Schau; kurzum, er kann sich all das erlauben, was mir unmöglich ist. Eine Kluft hat sich zwischen uns aufgetan, eine Kluft, die nicht allein auf den Finanzen beruht, auch wenn die am Anfang wohl der Grund waren. Jeden Tag spüre ich, dass wir uns ein Stück weiter voneinander entfernen, ohne dass ich etwas dagegen tun könnte.

Doch für heute Abend haben wir uns vorgenommen, uns ein kleines Liebesmahl zu gönnen. Schon seit einer Woche fordere ich es ein, da ich spüre, dass wir wieder näher zueinanderfinden müssen. Er hat nachgegeben und mir sogar vorgeschlagen, dass er selber kocht, damit ich nur noch die Füße unter den Tisch stellen müsste. Ich habe diese Woche extra vorgearbeitet. Nach der Uni habe ich mich vor einer Metroscheibe frisch geschminkt, um hübsch zu sein, wenn ich nach Hause komme. Nichts Großes, nur ein bisschen Kajal um die Augen.

Als ich durch die Tür trete, merke ich, dass etwas nicht stimmt. Es ist viel zu still in der Wohnung, als dass Manu hier sein könnte. Ich muss mich den Tatsachen stellen, er ist nicht da. Ich inspiziere die Küche, versuche mir einzureden, er sei nur rasch Brot kaufen gegangen, doch sie ist leer, und keinerlei Indiz lässt auf ein Essen schließen. Mein Magen knurrt, ich bin sehr hungrig. Da ich nicht genügend Geld hatte, mir am Mittag ein Sandwich zu kaufen, war ich in der Bibliothek geblieben und hatte gelernt.

Ich setze mich vor den Fernseher und weine. Eine Stunde ist um, und Manu kommt nicht nach Hause. Ich versuche zu arbeiten, doch ich kann mich nicht konzentrieren. Ich kann nicht einmal fernsehen, denn meine Netzhaut nimmt die Bilder, die da vorbeilaufen, nicht auf. Eine Freundin anrufen? Wozu? Sie wird sich über mich lustig machen und mir sagen, die Typen seien alle gleich, auf sie sei kein Verlass. Manu ist nicht so, Manu liebt mich sehr und kümmert sich um mich.

Gleich ist es Mitternacht, und Manu ist noch immer nicht da. Ich bin viel zu stolz, um ihn auf seinem Handy anzurufen, und außerdem habe ich sowieso kein Guthaben mehr. Ich habe meinen ganzen Tabak aufgebraucht, und das Päckchen Zigarettenpapier liegt auf dem Tisch herum. Warum tut er mir das an? Warum mir? Rackere ich mich denn noch nicht genug ab? Nach nur einem Monat kann ich schon nicht mehr, ich bin dauernd erschöpft, für die paar Cent mehr, denn mir bleibt quasi nichts von meinem Verdienst übrig.

Plötzlich dreht sich der Schlüssel im Schloss. Ich halte den Atem an, ich hatte nicht im Entferntesten den Gedanken, dass ich Manu an diesem Abend noch gegenüberstehen würde. Rasch wische ich mir die Tränen mit dem Handrücken ab, ich will ihn so nicht ansehen, meine Schminke muss verwischt sein.

Eine Sekunde später steht Manu in der Küche. Ich starre ihn an, auch er sieht mich mit von Joints geröteten Augen an und sagt völlig normal: »Wie geht's? Du lernst nicht?«

Ich habe das Gefühl, dass ich gleich explodiere! Das kann er nicht ernst meinen. Er ist stoned, das ist offensichtlich.

»Was? Willst du mich verarschen? Wo warst du? Weißt du, dass ich den ganzen Abend auf dich gewartet habe? Wollten wir heute Abend nicht zusammen essen?«

Ich brülle, ich habe mich nicht mehr in der Gewalt. Ich bin so müde, dass ich mich, während mir die Worte aus dem Mund strömen, frage, woher ich die Energie dafür nehme.

Manu senkt den Kopf, er weiß, dass er mich verletzt hat.

»Laura, ich weiß nicht, was passiert ist, aber ich wollte das nicht, das schwöre ich dir. Ich stand hier in der Küche und wollte wirklich für dich kochen. Dann habe ich den

Kühlschrank aufgemacht und gesehen, dass du nichts eingekauft hast. Du warst doch dran mit Einkaufen, oder etwa nicht? Ja, du warst dran und hast es nicht gemacht.«

»Das also ist der Grund? Du lässt mich einen ganzen Abend weinen nur aus diesem Grund? Ist das deine Strafe für mich?«

»Nein, Laura, es ist nicht nur wegen des Einkaufens, es ist wegen allem. Ich weiß, dass du kein Geld hast, aber wir haben doch vereinbart, dass wir die Kosten teilen. Außerdem habe ich heute die Gasrechnung bekommen, das kam noch dazu.«

Er sieht mir gerade in die Augen und schreit überhaupt nicht. Obwohl ich guten Willens bin, verstehe ich nicht, was er mir sagt, ich verstehe nicht, wie er es wagt, mir das zu sagen, wo ich doch alles tue, was in meiner Macht steht, um ihm finanziell zur Seite zu stehen. Ich bin schon immer peinlich berührt gewesen, wenn das Thema Geld zur Sprache kommt.

»Und schon das letzte Mal habe ich das Einkaufen übernommen, denn sonst hätten wir nichts zu essen gehabt. Ich hatte es satt nachzugeben, ich hatte es satt, dass du dich dauernd auf mich verlässt. Darum bin ich losgegangen, habe zwei, drei Freunde getroffen, wollte auf andere Gedanken kommen ...«

Ich schweige, ich weiß wirklich nicht, was ich noch dazu sagen könnte. Manu hat wirklich den Gipfel der Knauserigkeit erreicht. Er fordert Geld von mir für die Miete, für Lebensmittel, für die Rechnungen, was sich auf eine Summe von etwa vierhundertfünfzig Euro im Monat beläuft. Da ich nicht genug verdiene, fülle ich die Lücke mit dem wenigen Taschengeld, das mir meine Mutter jeden Monat gibt. Nicht viel; das wenige, das sie abzweigen kann, gibt sie mir. Seit einem Monat bezahle ich nicht mehr die Pauschale für mein Telefon, da ich unter allen meinen Ausgaben den Kosten für die Wohnung Vorrang gebe. Und außerdem arbeite ich fünfzehn Stunden pro Woche für diese Telemarketingfirma, habe zwanzig Stunden in der Uni, und dazu kommen noch die Stunden, die ich lernen muss. Er hingegen arbeitet überhaupt nicht, und das Geld für die Miete, das ihm seine Mutter jeden Monat auf sein Konto überweist, gibt er für Joints und Klamotten aus und kassiert noch Geld von mir. Kurzum, ich sehe nicht, dass ich von dieser Situation profitiere, ich beteilige mich an den Kosten und verdiene diese Wohnung im selben Maß wie er.

Aber trotz allem liebe ich ihn wie verrückt, und selbst in diesem Augenblick hasse ich ihn nicht. Er beeindruckt mich so sehr, dass mir keine Widerrede einfällt. Ich schäme mich für meine Schwäche für schöne Gesichter mit vernichtenden Blicken.

Schließlich nimmt mich Manu sanft in die Arme, und ich gebe mich seiner Umarmung hin. Der Moment ist überhaupt nicht dramatisch, ich fühle mich gut in seinen Armen, das allein zählt. Einige Minuten später lässt er mich los, schaut mich mit seinen großen dunklen Augen an und sagt plötzlich: »Hör zu, um in Zukunft solche Situationen zu vermeiden, macht jeder seine Einkäufe für sich. Das ist für alle Beteiligten einfacher, und wir haben nicht mehr solche Auseinandersetzungen.«

Ich fasse es nicht. Alles, was heute Abend geschehen ist, reicht also nicht? Er will noch eins drauflegen?

»Wie bitte?«

»Ja, ich glaube wirklich, das ist besser für uns. Und mit unseren unterschiedlichen Stundenplänen essen wir doch fast nie zusammen, und außerdem mögen wir doch sowieso nicht dieselben Sachen.«

Ich sage noch immer nichts, aber deswegen denke ich nicht weniger. Was soll ich im Übrigen auch sagen? Ich werde nicht versuchen, den größten Geizkragen auf Erden zu überzeugen. Allein die Tatsache, dass es ihn stört, gibt mir deutlich zu verstehen, dass ich daran nichts ändern kann. Er ist knickerig, zu verwöhnt, und so wird er noch eine Weile bleiben. Er macht sich jedoch nicht klar, wie weh er mir tut. Meine Vorstellung von uns als Paar bricht gerade in sich zusammen.

Ich nicke zögernd, ringe mir ein Lächeln ab, doch er weiß genauso gut wie ich, dass zwischen uns etwas nicht stimmt. Etwas, das mit dem Geld zusammenhängt. Vielleicht etwas, das mit dem sozialen Unterschied zu tun hat, den er letztendlich nicht erträgt. Seine Mutter sagt häufig, ich sei nicht gut genug für ihn.

Als ich am nächsten Abend von der Arbeit nach Hause komme, hat er mir Platz im Küchenschrank freigeräumt, in dem normalerweise die Konserven stehen.

Kapitel 5

Hunger

26. *Oktober* 2006

Meine Mutter reicht mir die Platte mit dem Hühnchen und lässt mich dabei nicht aus den Augen. Das tut sie schon, seit wir uns zum Essen hingesetzt haben. Es sind Allerheiligen-Ferien, und ich besuche meine Eltern für zwei, drei Tage, ich habe noch nicht entschieden, wie lange ich genau bleiben werde. Wir sitzen am Tisch, meine Mutter, mein stummer Vater, ich und meine Schwester, die nicht mehr aufhört zu reden.

»Es ist doch gut, dieses Hühnchen, findest du nicht, Laura?«, sagt meine Mutter.

Ich weiß genau, dass sie jede meiner Gesten genau verfolgt: Ich steche die Gabel in einen prallen Schenkel und mithilfe der anderen Hand nehme ich ihn mir, um ihn wie ein Ungeheuer zu verschlingen. Ich esse heute für vier, ich bin wirklich sehr hungrig. Dieses Abendessen ist zweifellos das größte Festmahl, das ich seit einem Monat genossen habe.

»Ja, es ist köstlich, zum Niederknien.«

Meine Schwester ist die Einzige, die spricht, und ich bin die Einzige, die ihr richtig zuhört. Ich weiß, dass meine Anwesenheit meinen Vater bei seinen Gedankengängen stört. Er spricht schon normalerweise nicht viel, aber wenn ich da bin, wird er stumm wie ein Fisch.

Unser Verhältnis war schon immer schwierig, wir haben uns immer geliebt, aber stillschweigend. Mein Vater ist jemand, dem man Respekt zollen muss. Im Alter von zwanzig Jahren hat er sein Heimatland Spanien verlassen, um der Diktatur und der Armut zu entfliehen und sein Glück in Frankreich zu versuchen. Er ist in einer sehr strengen Familie aufgewachsen, die mit großem Eifer auf die Einhaltung der Tradition achtet. Gegenüber uns, seinen Töchtern, hat er immer diese natürliche Kühle bewahrt, insbesondere mir gegenüber, genauso wie es zuvor sein Vater mit seinen Kindern gemacht hatte. Ich habe es immer akzeptiert, weil er eben so ist.

Ich weiß sehr genau, dass er mich liebt, aber er hat es mir nie gesagt, nie hat er auch nur ein Wort über seine Gefühle verloren. Ich bin die Ältere und weiß, dass ich ein heiß ersehntes Kind gewesen bin. In meiner frühen Kindheit haben mich meine Eltern sehr umhegt. Doch je größer ich wurde und je enger meine Beziehung zu meiner Mutter wurde, umso mehr hüllte sich mein Vater in Schweigen, vielleicht weil er nicht wusste, wie er mit seiner Tochter umgehen sollte. Die Dreistigkeit, die ich an den Tag legte, wenn er mich bestrafen wollte, erschien ihm unnormal und respektlos. Nach und nach hat er sich ganz in sich zurückgezogen, was bedeutet, dass er mich ignoriert. Bin ich im Zimmer, richtet er nur das Wort an mich, wenn es um wirklich Wichtiges geht. Ich weiß, dass ich ihn des Öfteren durch mein Verhalten enttäuscht habe. Der Gipfel war, dass ich in der Abiturklasse nicht mehr zum Unterricht gegangen bin. Meine Schwester und ich haben immer gewusst, dass es Bevorzugungen in unserer Familie gibt: Ich bin der Liebling meiner Mutter, sie der meines Vaters. Doch wir konnten nichts dafür, und da wir diese Eindeutigkeit als Tatsache akzeptierten, blieben uns Groll und Eifersucht erspart.

Ich erinnere mich, wie ich eines Tages – ich war sechzehn – für einen Monat von zu Hause ausgezogen bin. Meine Eltern, meine Schwester und ich saßen im Wohnzimmer, und ich betrachtete das Sofa, auf dem wir saßen. Es ist ein sehr altes, grün bezogenes Sofa, das ich seit jeher bei uns zu Hause gesehen habe. Es war so alt, dass meine Mutter eines Tages, ich war noch ein Baby, beschlossen hatte, es dunkelrot zu färben, um seine ins Auge fallende Abnutzung zu kaschieren. Während ich dem Fernseher lauschte, kratzte ich an einer Stelle der Armlehne, die die Farbe nicht angenommen hatte.

Mit einem Mal habe ich gesagt: »Vielleicht sollten wir es wieder grün färben. Es ist jetzt schon so lange rot, eine Verjüngungskur würde ihm guttun.«

Ohne mich eines Blickes zu würdigen, hat mein Vater geantwortet: »Dieses Sofa war nie grün.«

Diesen Satz sprach er in schroffem, verächtlichem Ton, als hätte ich ihm den größten Blödsinn erzählt, den er je gehört hatte.

»Aber ja doch, Papa, ich erinnere mich doch noch daran, wie Mama es gefärbt hat.«

»Ich sage dir doch, dieses Sofa war nie grün.«

Einige Minuten lang versuchte ich ihm zu beweisen, dass ich recht hatte, dass ich mich bestens erinnerte. Ich habe mich sogar auf die Fotoalben gestürzt, um Beweise für meine Behauptung zu finden. Als er mich das Wohnzimmerregal durchsuchen sah, ist mein Vater in haltlosen, ungerechtfertigten Zorn geraten.

»Ah, du musst immer recht haben, was? Du musst immer die kleine Schlaumeierin, die Alleswisserin spielen!«

Er brüllte. Meine Mutter und meine Schwester sahen ihn völlig erstarrt an. Auch ich rührte mich nicht, stand da mit dem Fotoalbum in der Hand, wusste nicht, was ich tun sollte.

»Ich habe dich langsam satt, deine Manieren, dein Benehmen. Du bist respektlos gegenüber anderen, alles dreht sich nur um dich, um deinen Bauchnabel. Ich ertrage dich nicht mehr, du bist nur ... nur ein Stück Scheiße! Genau, ein Stück Scheiße!«

Er hat das Wort hinausgeschleudert und ist in die Küche gelaufen. Meine Schwester hat einen Schrei ausgestoßen, als sie ihn das sagen hörte. Mein Vater in voller Fahrt, mein Vater, der nicht viel Federlesen macht. Aber dennoch kratzt es in meiner Kehle. Meine Fäuste haben sich geballt, und ich bin aus dem Zimmer gestürmt, während meine Mutter versuchte, mich aufzuhalten. Hastig habe ich nach meiner Tasche gegriffen. Meine Mutter hat mich unter Tränen angefleht zu bleiben, meine Schwester hängte sich an meinen Arm.

»Mama, ich kann nicht, ich kann nicht mehr. Sieh doch, wie er ist, das ist unerträglich. Ich gehe.«

»Aber wohin denn? Was hast du denn vor?«

»Ich finde einen Weg.«

Und ich habe einen gefunden. Einen Monat lang habe ich bei einer Freundin und deren Eltern gewohnt. Sie haben nicht lang Fragen gestellt, sondern mir einfach bei sich einen Platz frei geräumt, ihr Haus war groß. Jeden Morgen ging ich mit meiner Freundin zur Schule, und einmal in der Woche rief ich meine Mutter an, um ihr von mir zu erzählen.

Nach einem Monat bin ich wieder zu Hause eingezogen, weil ich die Freundlichkeit meiner Freundin und ihrer Eltern nicht überstrapazieren wollte. Bei meiner Rückkehr hat mein Vater mich ignoriert, so wie immer. Er hat mich auch weiterhin ignoriert, als die Sache sich wieder eingerenkt hatte. Ich litt fürchterlich darunter, doch ich wusste nicht, was ich machen sollte, um es ihm zu sagen oder zu zeigen. Erst später habe ich erfahren, dass er am Tag meines Auszugs Tränen in den Augen hatte.

Die Situation, in der wir uns gerade an Allerheiligen befinden, ist somit nicht außergewöhnlich. Meine Schwester am Tisch redet, um das Schweigen zu durchbrechen, das ihr unangenehm ist. Dann ist sie es leid, allein für die Unterhaltung zu sorgen, und hört damit auf. Schweigend beenden wir unser Essen.

Später am Abend nimmt mich meine Mutter beiseite. Ich weiß, seit ich gekommen bin, dass sie mit mir reden will.

»Laura, sag mal, isst du genug?«

»Ja, Mama, du hast doch gesehen, ich habe mir zweimal vom Hühnchen genommen!«

»Nein, Laura, davon rede ich nicht. Isst du genug bei dir zu Hause? Hast du bei Manu genug zu essen?«

Ihr ist also aufgefallen, was offensichtlich ist. Ich habe im letzten Monat, seitdem Manu und ich getrennte Küche machen, rasant viel abgenommen. Anfang September wog ich noch über sechzig Kilo, ich war sogar ein bisschen pummelig, und jetzt wiege ich noch fünfzig. Ich komme abends spät nach Hause, bin müde und habe oft nicht die Zeit, mir etwas zu kochen, da ich lernen muss. Ich haste den ganzen Tag zwischen der Uni, der Bibliothek, meinem Job und der Wohnung hin und her. Und ohnehin habe ich nichts in meinem Vorratsschrank außer einer angebrochenen Packung Nudeln, die schon seit zwei Wochen da liegt. Mittags in der Uni esse ich meistens nichts, und ein belegtes Brötchen fällt am Ende der Woche nicht ins Gewicht. Da ich nicht esse, empfinde ich auch kein richtiges Hungergefühl mehr. Na ja, fast keins.

Manu hingegen geht oft mit seinen Freunden essen. Ich vermute, dass er, während ich hinter meinen Büchern hocke, meine Hälfte der Miete fürs Schlemmen ausgibt. Abgesehen davon verstehen wir uns eher gut, haben keinen richtigen Streit. Das ist kein Wunder, schließlich sehen wir uns kaum. Dennoch liebe ich ihn weiter von ganzem Herzen, sogar wenn ich den Vorratsschrank öffne und mir vor seiner Dose Pastete das Wasser im Mund zusammenläuft oder vor seinen Pesto-Saucen, die meine Nudeln so viel köstlicher machen würden.

Einmal habe ich ihm eine Scheibe italienischen Schinken gemopst und geglaubt, er würde es nicht merken. Dummerweise zählt er sie wohl ab, denn er hat den Diebstahl sofort entdeckt. Ich habe mich lang und breit entschuldigt und ihm einfach erklärt, dass ich Hunger gehabt hätte und ihm neuen Schinken kaufen würde. Was ich sofort am nächsten Tag gemacht habe, wofür ich meinen Fünf-Euro-Schein, der mir eigentlich drei Tage reichen sollte, auf den Kopf gehauen habe. Ich hätte den Bogen überspannen und ihm nur eine einzige Scheibe zurückgeben können, vielleicht wäre ihm dann aufgefallen, wie blöd er sich verhalten hat. Aber ich steige nicht ein in sein Spiel, das interessiert mich nicht.

All das kann ich auf keinen Fall meiner Mutter erzählen, sie würde sich wahnsinnig aufregen und Manu mit allen möglichen Schimpfnamen belegen. Sie würde mich drängen, nach Hause zurückzukehren, und das kommt absolut nicht in Frage.

»Mach dir keine Sorgen, Mama, alles läuft gut.«

»Du würdest es mir doch sagen, wenn etwas nicht stimmt, oder?«

»Aber ja doch, Mama, natürlich! Sei unbesorgt.«

Sie betrachtet mich mit einem Blick, der viel über ihre Skepsis verrät. Sie glaubt mir nicht, doch sie kann nichts machen, wenn ich ihr nicht die Wahrheit sage.

Als ich mich zwei Tage später von meinen Eltern verabschiede, drückt mir meine Mutter eine ganze Tüte voller Lebensmittel in die Hand; sie hat alles hineingetan, was sie nur finden konnte. Sie zwinkert mir zu, als sie sie mir reicht.

»Komm gut nach Hause, mein Schatz, gibt Acht auf dich.«

Mein Vater hat mir die Hand gegeben, ohne mich zu umarmen. Schon seit Jahren küssen wir uns nicht mehr.

Kapitel 6

Scham

Vor dem Gebäude des Studentenwerks zögere ich etwas. Ich bin mir nicht mehr so sicher, ob ich dort hineinwill. Ich habe mich etwas abseits gestellt, nicht genau vor den Eingang.

Es ist November und eiskalt. In den letzten Monaten hat sich mein Gewichtsverlust deutlich beschleunigt. Ich habe das Gefühl, die Kälte durchdringt mich wie nie zuvor. Obwohl ich an diesem Morgen mehrere Schichten übereinander angezogen habe. Seit ich so dünn bin, ist mir dauernd kalt. Ich schlottere immerzu, auch in geschlossenen Räumen: in den Vorlesungen, bei der Arbeit und zu Hause.

Der Winter nähert sich mit Riesenschritten, und wir haben noch immer nicht die Heizung in der Wohnung aufgedreht. Zumindest *ich* will sie nicht aufdrehen. Manu macht sie an, sobald er nach Hause kommt und bevor er es sich wie ein Pascha auf dem Sofa bequem macht. Ich warte, dass er geht, und stelle sie rasch wieder ab. Das handhabe ich so, seit ich einen Teil der Rechnungen bezahlen muss. Strom, Wasser und Heizung, das ist zusammen ziemlich viel! Manu ist es völlig egal, schließlich ist es nicht er, der für diese Kosten aufkommen muss. Er dreht die Heizung auf, und ich stelle sie heimlich wieder runter und bin nicht in der Lage, ihn um diesen Gefallen zu bitten.

Anfangs habe ich normal angezogen gelernt, doch ich habe rasch gemerkt, dass das stundenlange regungslose Sitzen auf einem Stuhl mich die Kälte fast genauso empfinden ließ, als wäre ich draußen. Jetzt ziehe ich fürs Lernen eine richtige Kombination an: einen riesigen Schal, den meine Mutter gestrickt hat, eine Fleecejacke und dicke Socken, die bis zu den Knien reichen. Manu hat gelacht, als er mich zum ersten Mal so gesehen hat, und ich auch, ein paar Sekunden lang, als ich mich im Spiegel betrachtet habe. Denn im Grunde genommen hat diese Situation nichts Lustiges. Ich habe mich endlich an dieses zusätzliche Gewicht auf meinen schwachen Schultern gewöhnt, die Sparsamkeit treibt mich an. Lieber sehe ich aus wie eine Hochgebirgsforscherin, als fünfzig Euro für eine Rechnung ausgeben zu müssen, die sich vermeiden ließe.

Ich lege alles Geld beiseite, das ich entbehren kann. Keine unnötigen Ausgaben. Überflüssig zu erklären, dass ich das Shoppen seit geraumer Zeit aufgegeben habe. In erster Linie, weil ich keine Zeit habe, und außerdem, was würde es mir bringen, voller Gier vor etwas zu stehen, das mir niemals gehören wird? Ich führe mich also nicht in Versuchung und vermeide sorgsam jeden Schaufensterbummel. Endlich habe ich mir aus dem Kopf geschlagen, dass ich jemals den letzten Schrei tragen werde. Klar, manchmal platze ich vor Neid angesichts der neuen derben Jeans, der neuen taillierten Jacken, der neuen unerschwinglichen Schuhe meiner Uni-Freundinnen. Ich kann sie nur ansehen, bis es peinlich wird, seufzen und mich dann wieder meinen Dingen zuwenden. Ich wollte, ich wäre stark genug, sagen zu können, dass ich die Konsumgesellschaft nicht ertrage, dass sie mich anwidert, aber seien wir ehrlich: Wer hat keine Wünsche, und wer lässt sich nicht verführen? Ich bin jung, die Werbung ist allgegenwärtig: Ich wäre eine perfekte Beute, wenn ich Geld hätte.

Ich beneide die Mädchen um mich herum im Seminar. Sie sind frisch und ausgeschlafen, manche haben noch nie für ihr finanzielles Überleben arbeiten müssen. Ihre Eltern verdienen genug, um sie zu finanzieren. Manchmal müssen sie mit ihrer Mutter shoppen gehen und in einem Geschäft ihre Gelüste auf ein Kleid durch einen einstudierten Schmollmund zeigen, woraufhin ihre Mutter eine Kreditkarte zückt. Ich kann es ihnen nicht übel nehmen, ich würde es ganz genauso machen. Ich beneide sie nur um ihre Seelenruhe, während ich hingegen schon zittere, wenn ich einen Kontrolleur in der Metro sehe, und mich dauernd frage, wie ich bloß die Zeit bis zum Monatsende überstehen soll. Ich zittere, wenn Manu mich mit Unschuldsmiene bittet, ihm meinen Teil der Miete zu geben. Bin ich die Einzige, die so lebt? All diese Situationen sind dermaßen beschämend, dass ich mit meinen Studienfreundinnen nicht darüber sprechen kann. Wie könnten sie mich verstehen? Also lehne ich ihre Essenseinladung freundlich ab und verschließe mich in dem einzig Kostenlosen, das mir bleibt: dem Lernen.

All das wäre kein wirkliches Problem für mich, wenn ich etwas zu essen hätte. In meinem Vorratsschrank sieht es noch immer trostlos aus, und die Lebensmittel, die meine Mutter mir mitgegeben hat, sind längst aufgebraucht. Nudeln, Nudeln, immer nur Nudeln. Ich schaue sie an, wenn ich sie koche, und habe das Gefühl, dass sie mich verhöhnen, als wollten sie mich daran erinnern, dass ich auch an diesem Abend nicht Besseres zu essen bekomme. Anfangs habe ich sie mit einer Tomatensauce aus der Dose zubereitet, doch eine nächtliche Magenverstimmung hat mir den Appetit darauf verdorben, und nur der Gedanke, Nudeln in der billigen Sauce schwimmen zu sehen, bereitet mir Übelkeit. »Mit Butter ist doch schließlich auch nicht schlecht.«

Es gibt auch ein Glas Nutella, mein kleines Stück vom Glück. Ich esse nie mehr als einen Löffel davon, um so lange wie möglich etwas davon zu haben. Es tröstet mich, wenn ich den Schrank aufmache.

Der ständige Mangel hat mich dazu gebracht, mit dem Essen aufzuhören. Nach einer Weile habe ich gemerkt, dass der Hunger verfliegt und der Körper sich ganz von alleine darauf einstellt. Nach einigen Tagen dieser Diät verspüre ich keine richtigen Schmerzen mehr. Ich habe mir angewöhnt, nicht zu Mittag zu essen und meine Tage an der Uni mit leerem Magen durchzustehen. Manchmal macht er während des Seminars komische Geräusche, aber ich bin so an sie gewöhnt, dass ich sie nicht mehr wirklich höre.

Ein Mädchen aus meinem Seminar hat sich zu meinem Tisch umgedreht, mir ein Stück Schokolade gegeben und mich freundlich geneckt: »Hier, iss was, man hört ja nur noch deinen Magen knurren!«

Beschämt habe ich ihr leise gedankt und so getan, als amüsierte ich mich über ihren Scherz. Aber ich fand es gar nicht lustig. Langsam und schweigend habe ich dieses Stückchen Schokolade genossen. Wäre ich woanders gewesen, hätte ich es in wenigen Sekunden verschlungen, so eine Gier verspürte ich in mir. Würdevoll habe ich mich beherrscht, aber dennoch die letzten Bröckchen auf meinem Heft mit dem Finger aufgesammelt. Ich hätte gut noch ein Stück essen können.

Wenn ich am Abend nach der Uni oder nach der Arbeit die Zeit habe oder die Kraft, etwas zu essen, schlinge ich eine Schüssel Milchreis hinunter. Und wenn ich mir Mut machen will, noch einen Löffel Nutella am Ende meiner »Mahlzeit«. Das klingt sicher traurig, aber diese Schokolade wirkt wie ein Beruhigungsmittel. Ich lecke den Löffel sauber ab, um den Geschmack bis aufs Letzte auszukosten. Ich habe den Eindruck, dass ich danach besser lernen kann.

Dann ist eines Mittags geschehen, was geschehen musste. Ich bin mitten im Seminar zusammengebrochen. Ich habe den Bogen überspannt, ohne dass mir klar war, dass ich alle Grenzen überschritten hatte, die mein Körper ertragen konnte. Die Leute haben sich ein bisschen aufgeregt, aber ich bin rasch wieder zu mir gekommen und habe mich wieder an die Arbeit gemacht. Manche haben insistiert, ich solle ins Krankenzimmer der Uni gehen, was ich höflich abgelehnt habe. Nicht nötig, den Arzt zu fragen, um zu wissen, woran ich leide. Ich leide daran, keine Kohle zu haben.

An diesem Tag habe ich den Entschluss gefasst, zum Studentenwerk zu gehen, um eine Lösung, eine finanzielle Unterstützung aufzutun. Der Geldmangel wird zur Gefahr für meine Gesundheit, und ich bin nicht bereit, das hinzunehmen. Ich bin empört, mich so sehr abrackern zu müssen, um etwas zu essen zu haben, essen, um arbeiten zu können. Doch als ich vor dem Gebäude stehe, fehlt mir die Kraft hineinzugehen. Ich hatte nie gedacht, dass ich mich jemals aus einem solchen Grund hier einfinden würde. Ich weiß, dass viele Studenten hierherkommen und um einen Zuschuss bitten. Doch mir liegt das nicht. Hier zu sein ist für mich gleichbedeutend mit einer Niederlage: Ich habe es nicht geschafft, alleine zurande zu kommen. Aber ich muss mich den Tatsachen stellen. Ich schaffe es alleine nicht, ich brauche Hilfe. Dieser ständige Hunger ist nicht mehr zu ertragen.

Ich betrete also das Gebäude und gedulde mich artig am Empfang. Eine halbe Stunde später sitze ich einer Dame gegenüber, die eine Menge Studenten im Eilverfahren abgefertigt hat. Endlich in ihrem Büro, druckse ich herum.

»Ich komme zu Ihnen, weil ich große finanzielle Probleme habe, und ich möchte wissen, ob ich bei Ihrer Organisation Hilfe bekommen könnte.«

Im Handumdrehen schildere ich ihr mein Leben ohne Geld, erzähle von Manu und der Miete, meiner Plackerei, vom Mangel, den ich jeden Tag spüre. Sie hört mir aufmerksam zu und scheint betroffen von meiner Geschichte. Sie ist jung, um die dreißig, bestimmt erinnert sie sich an ihre eigenen Uni-Jahre ohne Geld.

Nachdem ich mich eine gute Viertelstunde erklärt habe, bin ich ruhig, doch mein Schweigen, das eine Antwort von ihr einfordert, löst bei ihr ein Hüsteln aus.

»Alles, was ich Ihnen im Augenblick anbieten kann, sind Essensmarken, sodass Sie Ihre Mahlzeiten in der Mensa einnehmen können. Sie sind wirklich nicht teuer, ein Essen kostet unter drei Euro!«

Ich mache eine rasche Überschlagsrechnung. Ich kann nicht fast fünfzehn Euro in der Woche für eine Mahlzeit am Tag ausgeben. Ich bin hierhergekommen in der Hoffnung, dass man mir bedeutende Ermäßigungen für ein Mittag- UND ein Abendessen anbietet.

»Das ist für mich wöchentlich eine ziemliche Summe. Ich wüsste gerne, ob Sie nicht noch andere Lösungen haben.«

»In Ihrem Fall sehe ich nur noch eine, bei der Sie kein Geld fürs Essen ausgeben: die Armenspeisung.«

Sie hat diesen Satz sehr langsam gesagt und mit viel Behutsamkeit, als wäre sie sich der psychologischen Wirkung bewusst, die er auf mich haben könnte. Und er hat gesessen. Ich schaue sie mit großen Augen an. Sieh an, mit diesem Satz habe ich meinen Platz in der gesellschaftlichen Ordnung Frankreichs, das heißt, ganz unten. So weit unten, dass ich mir kein Essen leisten kann, so weit unten, dass man mir Verpflegung anbietet, die den Obdachlosen geschenkt wird. Ich glaube zu träumen, ich kann nicht glauben, dass sie es ernst meint. Doch sie schaut mich weiter verständnisvoll an.

Ich nuschle ein undeutliches Danke und frage, wo ich die Armenspeisung finde. Sie schreibt mir in Schönschrift eine Adresse auf. Sie gibt sich Mühe, vielleicht um mir zu zeigen, dass sie meine Aschenputtel-Geschichte berührt hat. Eilig verabschiede ich mich, um dem Ganzen ein Ende zu setzen. Auf dem Flur schüttelt sie mir herzlich die Hand, bevor sie mit durchdringender Stimme »der Nächste« ruft.

Am Ausgang des Gebäudes umfängt mich wieder die Novemberkälte. Mit dem Zettelchen in der Hand schreite ich kräftig aus, um warm zu werden. Da gehe ich nicht hin, das kommt nicht infrage. Ich kann mich nicht entschließen, dahin zu gehen. Ich sage mir, dass ich es im Grunde genommen nicht so nötig habe. Ich hätte fast das Gefühl, diese Nahrung den Armen, die wirklich gar nichts haben, zu »stehlen«. Und vor allem gelingt es mir nicht, mich mit ihnen, den Obdachlosen, auf eine Stufe zu stellen. Ich habe ein Dach über dem Kopf, eine Arbeit, und ich studiere. Nein, es ist beschlossene Sache, letztendlich reichen mir meine Nudeln, ich werde mich mit ihnen begnügen. Schließlich bin ich nicht die Erste und nicht die Letzte in einer derartigen Lage.

Kapitel 7

Das Ende

9. Dezember 2006

In jedem Leben gibt es eine Nacht, in der man vorschnell altert. Nichts ist mehr wie zuvor. Adieu, Unschuld. Es ist eine dieser melancholischen Nächte, wo das Bilanzieren wehtut. In meinem Fall geht es um die Finanzen. Keine Kohle, Rechnungen, die bezahlt werden wollen, und eine Miete, die zu begleichen ist. Im Dunkeln sitzend, auf dem Stuhl vor dem Bildschirm von Manus Computer, kann ich kaum meinen Finger beherrschen, der auf der Suche nach einer Lösung hektisch auf die Maus klickt. Eine Webseite mit Annoncen, dann noch eine. Ein mehr oder weniger unten auf der Seite verstecktes Fenster, das diskret erscheinen will, zieht meinen Blick auf sich: nur für über Achtzehnjährige. Zwei Kategorien: »käuflich« oder nicht. Auf Anhieb bin ich versucht, die zweite zu wählen, als wollte ich mich in den Augen eines anderen rechtfertigen. Doch das Zimmer ist leer, ich bin allein. Ganz ehrlich, die Kohle ist eindeutig der Hauptgrund dafür, dass ich auf dieser Webseite bin. *Nur aus Neugierde*, sage ich mir, sehr wohl wissend, dass die Grenze überschritten ist. Kein spezielles Einloggen, ich klicke (älter als achtzehn, scheiße!). In das Feld »Schlagwort« schreibe ich »Studentin« und meine Stadt.

Eine erschöpfende Liste von Suchenden öffnet sich nun,

die ich mit der Maus hinunterscrolle. Es ist also möglich und so einfach? Eilig überfliege ich die Anzeigen, die, wie ein rascher Blick zeigt, sich alle ähneln. Immer wieder die gleichen Worte: »junges Mädchen«, »zärtliche Augenblicke«, »Begegnung«, »Suche«. Auch ich suche: Geld, und zwar schnell. Blödsinnig kategorisiert unter der mehr als zweifelhaften Alibibezeichnung »Massage«, stellen sich Männer vor, die im Durchschnitt gute fünfzig sind. Älter als mein Vater. *Papa, wenn du wüsstest...* Der Hauptunterschied ist, dass sie Kohle haben, viel Kohle, und bereit zu sein scheinen, sie für Sehnsüchte auszugeben, die ich möglicherweise befriedigen kann. Die Preise, wenn sie denn erwähnt sind, sprechen von Hunderten von Euro pro Stunde. Ist das möglich? All diese Zahlen lassen sekundenschnell meinen Wunsch nach Besitz aufblitzen. Ich sehe mich bereits mit all den Scheinen in meinem abgewetzten Portemonnaie, die zu allen Seiten herausquellen! Auch von mehreren Stunden in ihrer Begleitung ist die Rede. Was soll's, ein Nachmittag im Leben, ich denke, wenn man wirklich Geld braucht, ist das keine große Sache. Da ist sie womöglich, die Lösung, auf die ich gewartet habe. Wohlstand, und zwar ruckzuck.

Dennoch habe ich bis jetzt ganz gut auf diesen Wohlstand verzichten können. Die Wohnung meiner Eltern in einem Sozialbau bis zu meinem achtzehnten Lebensjahr, die denkbar einfachsten Klamotten, selbstgedrehte Zigaretten, all das reichte mir völlig. Bis heute. Natürlich war ich manchmal neidisch, wie alle, aber ich war nie wirklich materialistisch eingestellt, vielleicht weil ich kein Geld hatte. Nie einen Cent in der Tasche, gezwungen schwarzzufahren, ein in etwa erträgliches Leben. Manchmal lästig, oft bedrängend, wenn eine Rechnung eintrudelt, aber man kommt zurecht. Ich sage mir, dass die »Massagen« mir mühelos den Luxus erlauben würden, wählerisch sein zu können. Mir ist nicht bewusst, dass genau das Gegenteil eintritt: Ich würde niemals mehr die Wahl haben.

Alle meine Sinne, umfangen von dieser dunklen Nacht, die häufig Ausgangspunkt unsinniger Taten ist, waren in Aufregung und gerieten dann in totalen Aufruhr. Der Blick, anfangs lüstern und in jedem Augenblick so wach. Der Blick auf diese Rechnungen, die ich mich seit einer Woche weigere zu öffnen und die verlassen auf dem bescheidenen Holzmöbel im Wohnzimmer liegen, das mir als Bücherregal dient. Der Blick auf die Geldscheine, die meine wenigen Freunde hinstrecken, die mir den x-ten Kaffee im Bistro an der Ecke bezahlen. Eine Hypothese, die bestimmt all diese Jahre latent vorhanden war, zeichnet sich deutlicher ab: Mit Geld könnte ich nicht nur die ganze Zeit studieren, ich würde mich auch mehr lieben.

Ich fantasiere ein bisschen. Mein ganzer Körper fordert diese mögliche Fülle ein, ich spüre es geradezu in der Fingerspitze. Ich muss nur meinen Finger auf der Maus bewegen, nur das, nur ein kleiner Druck. Meine Hand, geleitet von dieser dunklen, so tabuisierten und paradoxerweise so prickelnden Lust, lässt sich nicht beherrschen. Meine Arme, mein Kopf, mein ganzes Sein weiß, dass sich an der Spitze dieses Fingers die Lösung befindet, so kontrovers sie auch sein mag, ist sie doch eine Möglichkeit, alles zu regeln, zumindest für den Augenblick. Mein gesamter Organismus verbündet sich gegen meine schwache Vernunft. Egal, was daraus wird, sehen wir mal.

Plötzlich überkommt mich die Raserei. Es ist bereits zu spät. Nur ein einziger Blick auf diese Annoncen hat ausgereicht, dass ich ihnen total ausgeliefert bin. *Nicht nach-*

*denken, Laura, tipp einfach diese blöden Nachrichten, und du
kommst aus der Scheiße raus, in der du steckst; das ist die einzige
Lösung, und du weißt es.* Nicht vor der Angst zurückwei-
chen, mir bietet sich eine Möglichkeit, und ich greife zu.
Mein draufgängerisches Wesen unterscheidet nicht mehr
zwischen Gut und Böse, es will um jeden Preis zurande
kommen, koste es, was es wolle. Seit diesem Augenblick
beherrscht mich die Schizophrenie. Beim Lesen der Anzeigen habe ich mich aufgespaltet: Da gibt es die Laura, die
sich sehr bewusst ist, dass sie mit dem Feuer spielt, und
die Laura, die versessen auf das Geld ist. Hinzu kommt
eine lächerliche Herausforderung: Ich kann es, ich werde
es mir beweisen. Also tippe ich, ich drücke auf die Com-
putertasten, als drückte ich auf mein Leben, als müsste
ich diesen Mangel, der in mir jeden Tag etwas größer geworden ist, ausmerzen. Ich habe geglaubt, ich sei Her-
rin meines Verstandes, doch der ist bereits in Gefahr, ich
halte mich für unbezwingbar, allein durch das Versprechen dieses Geldes.

Manu ist nicht da, nutz das aus. Dennoch werfe ich
einen Blick auf die Uhr und zur Wohnungstür, nur für
alle Fälle. Er ist gerade mit Freunden unterwegs, er wird
so bald nicht nach Hause kommen.

Ich tippe schnell, ohne mir die Zeit zu nehmen nachzudenken, die Welt, in die ich mich hineinwage, will ich
mir gar nicht vorstellen. Ich falle; ja, innerhalb von fünf
Minuten bin ich gefallen. Nach einer Stunde hält meine
Hand zufrieden inne. Etwa vierzig Antworten habe ich in
meinem Wahn geschickt. Eine vage Zahl, die Personen
entspricht, die in diesem Augenblick gar nicht wirklich
existieren. Das zu schwammige Bild, das sie mit ihren
Worten entstehen lassen, hat keinerlei Bedeutung für

mich. Das Gefühl, all das wäre nur ein Traum, hat mich in keinem Moment verlassen. Ich habe bestens darauf geachtet, nicht zu denken, während meine Finger über die Tastatur huschten. Um der Träumerei abrupt ein Ende zu setzen, fahre ich schnell den Bildschirm herunter und stehe auf.

Die Nacht hat gereicht. Von Anfang an sind die Begriffe von Mangel und Bedürfnis anderer Leute aufgetaucht, die den meinen entsprechen. In gewissem Sinne sind wir uns ähnlich, sie und ich: Uns allen fehlt etwas. Wahrscheinlich habe ich doch nicht geträumt, mein E-Mail-Eingang präsentiert mir bereits die Folgen meiner Taten, Taten, die ich schon jetzt nicht mehr kontrollieren kann, selbst hier in meinem sicheren Zuhause. Ich habe geantwortet, in einer Trance der Bedürftigkeit, unter Zwang, dieses verdammte Geld aufzutreiben, und jetzt stehe ich hier vor meinem Mist. Die Studentin erregt also den reifen Mann, jetzt habe ich den Beweis. Jeder kommt offenbar auf seine Kosten, sie wollen, dass sich ihre Fantasien konkretisieren, und ich ganz genauso.

Die erste Nachricht vergisst man nie. Für mich ist es Joe, mit diesem merkwürdigen Decknamen unterschreibt er die E-Mails, die er mir schickt. Joe, besser bekannt unter dem Vornamen Joseph. Der Gebrauch eines Pseudonyms ist ihm wie eine Selbstverständlichkeit vorgekommen; einerseits, um in den Augen seiner zukünftigen Gespielinnen der Lust jünger und flotter zu wirken, und andererseits, um sich nicht allzu sehr zu exponieren. Ob auch er sich aufspaltet, wenn die Nacht kommt und das Begehren in ihm aufsteigt? Ich habe mir keinen Decknamen zugelegt. Zu ahnungslos, zu unerfahren, habe ich mir gar nicht die Frage gestellt, ich denke ganz schlicht, Laura wird immer Laura bleiben, egal, was geschieht.

Junger Mann von 50 Jahren sucht für gelegentlich eine Masseuse. Studentinnen willkommen.

Seine Nachricht ist merkwürdig höflich, doch liest man zwischen den Zeilen, spürt man, wie er vor Lust schwitzt. Er fragt mich, ob ich irgendwelche Tabus habe. Diese Worte schreien mir zu, dass ich keine haben soll, dass die Bezahlung umso besser sein wird. Er hat nicht um ein Foto gebeten, doch mir eines von sich geschickt. Er ist siebenundfünfzig Jahre alt. Da kann man sich vorstellen, wie er in etwa aussieht. Die Realität schlägt jetzt zu, hart und unerbittlich, sie zwingt mich, sie mir bewusst zu machen.

Als ich diese Nachricht lese, fühle ich mich zum ersten Mal in meinem Leben kindlicher denn je, ich, die ich sonst meinem Alter immer voraus war. Dieser Mann ist alt, dreimal so alt wie ich. Er legt wohldurchdachte Fantasien dar, von denen man ahnt, dass sie tief in ihm sitzen und schlecht zu leugnen sind. Er sucht eine Kandidatin, stellt sie sich womöglich im kurzen Faltenröckchen und mit Kniestrümpfen vor und wie sie genießerisch an einem Erdbeerlutscher leckt. Dann macht er seinen Computer aus, weil seine Frau ins Zimmer kommt und ihn auffordert, sich zu ihr und der Tochter zum Abendessen zu gesellen. Und während des Essens tut er so, als wäre nichts, denn schon seit Jahren verheimlicht er ihnen all das.

Vielleicht wirft er einen Blick auf seine Tochter, die älter ist als das Mädchen im Röckchen, und denkt, dass ihre Zukunft sehr vielversprechend ist. Wenn sie ihn bittet, ihr die Schüssel zu reichen, tut er es gerne mit einem Lächeln. Am besten schläft er am Abend mit seiner Frau, gesittet, mit viel Zeit, und hält sich zurück, um ihr genügend Zeit für die Lust zu lassen. Weil er sie liebt. Weil er sie beide liebt, von ganzem Herzen.

Die Frage der Bezahlung ist natürlich angesprochen worden, und ich hab's ganz von alleine verbockt. Hinter dem Bildschirm ist die Lüge alltäglich und gut zu verbergen, mit Leichtigkeit bin ich in die Haut einer professionellen Prostituierten geschlüpft, die sich auskennt und der man nichts vormachen kann. Doch als es ums Geld ging, bin ich gescheitert. Spontan wollte ich das große Geld fordern, doch dann habe ich gedacht, das wäre nicht glaubwürdig. Mit der Zeit werde ich noch lernen, dass man nichts verliert, wenn man es wagt, die Latte sehr hoch zu legen, mit der Bereitschaft nachzuverhandeln, sollte das Zögern zu groß sein.

Diese Männer haben die Vorstellung, und in meinem Fall – das muss ich gestehen – zu Recht, wenn ein Mädchen viel fordert, dann lohnt es sich. Ein horrender Betrag lässt oft eine freudige Überraschung vermuten: Vielleicht ein tolles Mädchen, das es sich wegen seines Aussehens erlauben kann, den Preis hochzutreiben. Ab und zu die Beine breitmachen für Geld. Sie denken womöglich, dass es Mädchen sind, die den Sex lieben, die Lust auf mehr haben, frivole Studentinnen, die wollen, dass reife Männer sich ihres monotonen Sexlebens annehmen, um ihnen eine Abwechslung von den schwachsinnigen Knaben ihres Alters zu bieten.

Unerfahren wie ich bin, schlage ich hundert Euro die Stunde vor, entsprechend dem, was ich in den Anzeigen gelesen habe. Der schon erwähnte Joe schien erfreut, denn er erwartet wahrscheinlich nichts in dieser Größenordnung. Und bestimmt hat er in diesem Augenblick auch begriffen, dass er es mit einer Anfängerin zu tun hatte. In seinem Kopf hat er bestimmt schon mir nichts, dir nichts Szenen entworfen, in denen er die Grenzen überschreitet, die ihm die »Professionellen« immer gesetzt hatten.

Nach einem kurzen Austausch per E-Mail, wo ich so getan habe, als wäre ich einverstanden, haben wir eine Verabredung ausgemacht. In drei Tagen würden wir uns treffen, in einem Hotel in der Nähe des Bahnhofs. Er würde ein rotes Polohemd tragen, damit ich ihn erkenne, denn selbst wenn ich ein Foto von ihm habe, wolle er mich nicht verfehlen und sich vergebens auf den Weg machen. Mehrfach hat er betont, dass er nicht in der Stadt wohne und sehr enttäuscht wäre, wenn er mich nach seiner langen Anfahrt nicht am verabredeten Ort anträfe. Er spricht mit mir wirklich wie mit einem Kind, das man warnt, wenn man sieht, dass es eine Dummheit begehen wird.

Ich habe Ja gesagt, ohne weiter abzuwarten, ich wollte dieses Thema so schnell wie möglich beiseiteschieben. Aber dennoch stellen sich Einzelheiten bereits ein. Nach und nach nimmt ein Puzzle in meinem Kopf Gestalt an. In meiner Vorstellung nehme ich sein Gesicht und füge den Körper eines sechzigjährigen Mannes hinzu, der ein rotes Polohemd trägt. Das Ganze stelle ich vor ein mieses Hotel auf der Straße, die zum Bahnhof führt, übrigens eine Straße, die für ihre Prostituierten und Drogenhandel berüchtigt ist.

Als der Computer ausgestellt und die letzte Glut der Träumerei erloschen ist, nehme ich auf der Stelle wieder mein kleines, banales Leben auf. Manu ist immer noch nicht da, dieser Arsch. Ich beschließe, mich in eine Übersetzungsübung aus dem Spanischen zu vertiefen. Doch ich kann mich nicht konzentrieren. Nachdem ich einige Minuten überlegt habe, kann ich mich dazu überreden, nicht zu dem verabredeten Treffen zu gehen, keinesfalls. Ich habe ein wenig mit dem Feuer gespielt, bis ich mir die Fingerspitzen verbrannt habe, doch nicht einen Moment denke ich ernsthaft daran, hinzugehen. Joe wird ganz allein vor dem Hotel stehen, ich werde zu Hause bleiben.

Und doch geht mir dauernd diese blöde Zahl durch den Kopf: hundert Euro die Stunde. Drei Tage Wartezeit. Warten worauf? Ich habe beschlossen, nicht hinzugehen, warum also habe ich mir in den Kopf gesetzt, die diesem Unbekannten gemachte Zusage einzuhalten? Ich werde nicht hingehen, Schluss, Punkt, aus, Ende der Geschichte. Meine Gedanken schwirren hin und her, zwischen Vernunft und finanzieller Not, und umgehen sorgsam mein junges Herz, das in dieser Geschichte keinen Platz hat.

Ich sehe in meinen Vorratsschrank, leer. Dämlicherweise werfe ich einen Blick auf die auf dem Regal liegenden Rechnungen. Ich habe Kopfschmerzen. Abrupt schließe ich mein Übersetzungsbuch.

Nur ein einziges Mal, mehr nicht.

Kapitel 8

Der Geprellte

12. Dezember 2006

Nur drei Tage sind vergangen seit unserem Austausch per E-Mail. Das ist nicht so schlecht, alles in allem. Auf die Weise komme ich nicht dazu, darüber nachzudenken, was ich tue, und ich brauche das Geld so dringend. Wir haben vereinbart, uns um vierzehn Uhr zu treffen, für eine Stunde zum Preis von hundert Euro. Nur eine Stunde, danach gehe ich zur Arbeit in meine Telemarketing-Firma. Bis zur letzten Minute weiß ich nicht, ob ich wirklich hingehen werde. Doch natürlich hat das Syndrom der leeren Taschen meine Schritte gelenkt.

Ohne wirklich zu wissen, warum und wie, bin ich plötzlich auf dem Weg zu dieser berüchtigten Straße, ich gehe, wie man zu einer Verabredung geht, die man nicht in den Kalender eingetragen hat, aber nicht vergessen kann. Ich habe mich bemüht, so zu tun, als würde ich diesem Treffen keine Bedeutung beimessen, und bloß eine einfache Jeans und eine Jacke angezogen. Doch unter meiner betont normalen Alltagskleidung – für den Fall, dass ich unterwegs jemanden treffe, den ich kenne – ahnt niemand die Strümpfe, die ein bisschen kratzen. Als ich sie angezogen habe, musste ich lachen, ich fühle mich darin etwas lächerlich. Heute Morgen unter der Dusche habe ich mich sogar rasiert. Das tue ich natürlich öfter, vor allem seitdem ich mit Manu zusammenlebe, aber heute habe ich es wirklich mit großer Sorgfalt gemacht und bin mehrmals über die Knie und Knöchel gefahren. Eine ganz zarte Stelle, die Knöchel. Ich will gefallen, einen guten Eindruck machen. Die Gründe für diese minutiösen Vorbereitungen sind mir selbst noch nicht ganz klar.

Auf meinem Weg wird mir plötzlich bewusst, dass ich mir keine Erklärung zurechtgelegt habe, falls ich unterwegs irgendwelchen Bekannten begegnen sollte. Das ist aber letztlich nicht schlimm, ich bin eine gute Lügnerin, da wird mir schon etwas einfallen. Als ich in Bahnhofsnähe komme, gehe ich dennoch schneller. Je eher daran, je eher davon.

In meinem Kopf sage ich mir systematisch die Regeln auf, die ich unbedingt einhalten will: nur ein einziges Mal, mehr nicht. Ich hätte vorher einen Joint rauchen sollen. Das stimmt überhaupt, warum habe ich nicht daran gedacht? Ich wäre sehr viel relaxter gewesen, die Situation hätte mich vielleicht amüsiert. Vielleicht.

Seltsam ist, dass ich mir schon gewisse Vorsichtsmaßregeln überlegt habe, die mir notwenig erscheinen: Ich werde mich nicht als Erste zeigen, ich werde warten, bis er auftaucht. In meinem Innern glaube ich noch, das alles ist ein Witz. Geduldig stehe ich vor dem vereinbarten Hotel in der Dezemberkälte, beobachte die Fußgänger, hoffe fast, dass Joe endlich kommt, damit ich diesen eisigen Wind nicht länger ertragen muss. Joe, der konfuse Gedanke, der wenige Augenblicke später Realität werden wird.

Logischerweise gehen mir eine Menge Fragen durch den Kopf. Er hat mir gesagt, er habe ein Zimmer reserviert. Hat er an der Rezeption seinen richtigen Namen genannt? Ich habe nichts gesagt, als er mir diesen Ort vorgeschlagen hat, aber ich finde seine Wahl ziemlich trostlos. Hier testet er wahrscheinlich alle seine neuen Eroberungen, und wenn sie es verdienen, bringt er sie die Male danach zum Träumen, indem er sie an annehmbarere Orte mitnimmt. Aber wenn er doch schließlich nur ficken will, warum sich Gedanken machen? Möglich, dass er hier schon sein eigenes Konto hat.

Kurz vor der verabredeten Zeit bleibt ein Mann in einem gewissen Alter vor dem Gebäude stehen und schaut sich seelenruhig um, als wäre nichts. »Ein Mann in einem gewissen Alter«, das sagt man, wenn man höflich ist und nicht das Wort »alt« aussprechen möchte. Also kurzum, er ist alt. Ich habe mir nie vorgestellt, dass ich eines Tages mit einem Mann dieses Alters schlafen würde.

Er hat keinerlei Ähnlichkeit mit dem Foto. Trotz seiner jugendlich sportlichen Kleidung sieht man ihm die siebenundfünfzig an. Er trägt ein rot kariertes Hemd, eine Jogginghose und Turnschuhe; das graumelierte Haar entspricht seinem Alter. Ein mächtiger, noch dunkler Schnauzbart ziert sein Gesicht. Nicht wirklich stilvoll, aber zumindest wirkt er sauber. Einer, nach dem ich mich auf der Straße ganz bestimmt nie umdrehen würde, der aber auch nicht abstoßend aussieht. Und wenn man bedenkt, dass ich diesen Typen gleich nackt sehen werde! Und wenn man bedenkt, dass er mich anfassen will! Ich zittere jetzt schon vor Ekel. Vielleicht bin ich aus meinem Versteck gehüpft, über die Straße gelaufen und auf ihn zugegangen, weil ich auf viel Schlimmeres gefasst war. Ich glaube auch, dass ich mich sofort bemühte, nicht mehr nachzudenken.

Er hat mich kommen sehen, und sein Gesicht nimmt einen anderen Ausdruck an. Ob zum Guten oder Schlechten, wüsste ich nicht zu sagen. Rasch begrüßen wir uns mit einem Küsschen auf die Wange, zwangsläufig sind wir beide etwas angespannt. Doch plötzlich hat sich seine Haltung gelockert, und er hat sich sehr höflich mit sanfter Stimme vorgestellt. Mein Gott, er ist so alt! Ah ja, jetzt waren seine siebenundfünfzig Jahre nicht zu leugnen.

»Guten Tag, Laura«, sagt er und sieht mich dabei an.

»Guten Tag, Joe«, sage ich und weiß nicht, was ich sonst noch sagen soll.

Ich kann nicht anders, ich muss ihn ungeniert von oben bis unten mustern. Ich fühle mich nicht besonders weich gestimmt, bin eher gehässig, das gebe ich zu. Sein Akzent hat mich überrascht und in mir das Bedürfnis geweckt, ihn genauer in Augenschein zu nehmen: Er wirkt wie der große Spießer vom Lande. Seine Sprachmelodie, seine Stimme singt am Ende des Satzes: Er verkörpert perfekt das Landkind, das in der »großen Stadt« gewissermaßen im Exil ist, um Karriere zu machen, das sich aber nie ganz von seiner Herkunft befreien konnte. In diesem Moment frage ich mich, ob er mich wirklich bezahlen wird. Angesichts seiner Kleidung, die ein bisschen zu *cheap* wirkt, ist es nur verständlich, dass ich mir diese Frage stelle.

Seine Körperhaltung verrät eine gewisse Routine, es ist eindeutig nicht sein erstes Mal. Ganz offensichtlich ist er begeistert von meinem Äußeren. Ich tue so, als sähe ich nicht, wie er mich anglotzt. Dass ich gekommen bin, ist für ihn ein Geschenk des Himmels: Was konnte er sich Besseres erträumen? Eine Studentin, die zum ersten Mal ihren Körper anbietet und das zu einem lächerlich niedrigen Preis. Er bebt vor Vorfreude und gratuliert sich insgeheim zu seiner klugen Wahl.

Ich hingegen schaue mich hektisch um. Seit ich hier

mit ihm stehe, beherrscht mich eine unverhältnismäßige Angst. Ich will unbedingt hineingehen, denn ich fürchte nur eins in diesem Augenblick: dass mich jemand erkennt. Als er mein etwas angespanntes Gesicht gesehen hat, muss er es verstanden haben; und er hat den Weg geebnet. Er muss vieles verstanden haben, als er mich zum ersten Mal auf diesem Bürgersteig gesehen hat.

Ich bin hinter ihm durch die Eingangstür gehuscht. So, wie er sich verhält, ahne ich, dass er alle Tricks des Gewerbes gut kennt.

Höflich gehe ich hinter ihm her, als wollte ich mich verstecken. Ich glaube, ich will den Blick des Mannes an der Rezeption nicht sehen. Der ist ja nicht blöd und kapiert sehr gut, was vor sich geht, und dass dieses reservierte Zimmer am helllichten Nachmittag nicht für Touristen ist, die gerade dem Zug entstiegen und müde von der Reise sind.

Ich habe mich so gut hinter ihm versteckt, dass ich die Polizisten nicht sofort bemerkt habe: Joe hat bei ihrem Anblick weder den Schritt verlangsamt, noch ist er zusammengezuckt, kurzum, nichts an seinem Verhalten, was mich hätte misstrauisch machen können. Und dennoch sind sie da: Zwei oder drei mit einem Käppi auf dem Kopf sprechen miteinander an der Rezeption. Nun, da ich ihnen gegenüberstehe, wäre mir der vorwurfsvolle Blick des unbekannten Empfangschefs lieber gewesen.

Doch plötzlich wird mir bewusst, dass mir dieser Mann am Empfang scheißegal sein kann – das, was sich in den nächsten Sekunden abspielen könnte, hätte vielleicht viel größere Auswirkungen auf mein Leben. Polizisten können einen ins Gefängnis bringen.

Als ich direkt vor ihnen stehe, senke ich voller Panik

den Blick. Eine Hitze, die ich gut kenne und die mir körperlich Gefahr im Verzug signalisiert, ist in meinem Bauch aufgestiegen und quält gerade mein Gedärm. Da haben wir's, es ist zu Ende, bevor es überhaupt angefangen hat. Da haben wir's, ich bin noch nicht einmal zwanzig und werde mich für ein vulgäres Spiel einbuchten lassen, dessen Konsequenzen ich nicht ermessen habe. Während ich weitergehe, läuft in meinem Kopf ein Hollywood-würdiger Film ab. Ich sehe mich auf der Wache, mit gleißendem Licht im Gesicht, mit Handschellen an den Handgelenken, und beteure mit großen Gesten auf einem eisernen Stuhl meine Unschuld. Und dann treffen meine Eltern ein, die das Kommissariat meines Viertels einbestellt hat, meine Mutter natürlich in Tränen aufgelöst, mein Vater würdigt mich nicht eines Blickes, weil ich den Namen der Familie beschmutzt habe. Welch ein Albtraum!

Ich gehe weiter und weiß, dass mich einer der Polizisten in einer Zehntelsekunde verhaften wird. Trotzdem tragen mich meine Beine weiter und folgen dem, der die Verantwortung für all das hat, für meine Zukunft im Knast. Sprechen wir von ihm! Joe scheint nicht im Geringsten beunruhigt von dem, was rundherum geschieht. Scheiße, reagier doch, die Flics werden uns schnappen!

Doch ich schreie nicht, nicht ein Ton kommt aus meiner gelähmten Kehle. Moment mal: Wenn der Kerl nicht einmal blinzelt, gehört er vielleicht zu denen! Und wenn er ein Flic in Zivil ist? Ich bin wie eine Anfängerin reingefallen ...

Ich hasse mich noch immer, genauso wie die ganze Welt, als ich merke, dass wir bereits im Aufzug stehen. Er hat nicht einmal vorgeschlagen, dass wir uns trennen und uns im Zimmer treffen, was eine gewisse Angst verraten hätte, in sich sehr logisch. In Wahrheit sind ihm die Bullen scheißegal. Alles erklärt sich wenige Minuten später, denn es geschieht etwas Unglaubliches: nichts. Absolut überhaupt nichts. Die Polizisten haben uns gesehen, wir sind ganz nah an ihnen vorbeigegangen. Und doch ist nichts geschehen.

Stattdessen haben wir schweigend im Aufzug gestanden, er wahrscheinlich schon mit Fantasien im Kopf, was er mit mir machen wird, wenn wir erst oben sind; und ich, kaum erholt vom Schock mit den Polizisten, völlig versteinert. Oben angekommen, strebt er ohne Zögern auf das Zimmer zu, bestimmt kennt er sich in diesem Hotel bestens aus.

Eilig hat er die Tür aufgeschlossen und mich wie ein Pseudogentleman vorausgehen lassen. Mit einem Schritt, der entschlossen wirken sollte, habe ich das Zimmer betreten. Je eher daran, je eher davon.

Das Erste, was ich gesehen habe, waren diese schmutzigen, verschossen grünen Vorhänge vor den beiden Fenstern. Welch eine gruselige Dekoration! Wer hat denn genügend schlechten Geschmack, um solche Vorhänge in so einem Zimmer aufzuhängen? Der Rest ist sehr einfach. Eher groß, aber nur mit dem Allernötigsten ausgestattet: mit einem Bett, passenden Nachttischen und einem Tisch an der Wand, ein Telefon. Wie gut, dass ich es gleich entdecke; sollte Joe gewalttätig werden, könnte ich mich darauf stürzen. Der Teppichboden ist unspektakulär, von einem sehr dunklen Blau, beinahe schwarz, ich erinnere mich nicht mehr genau.

Ein Klacken des Türschlosses reißt mich aus meinen Gedanken. Joe hat die Tür abgeschlossen. Kommt nicht

74

in Frage! Noch immer haben wir außer den Banalitäten bei der Begrüßung kein Wort gewechselt.

»Nein! Die Tür bleibt auf«, sage ich.

Welch ein Fauxpas! Kaum habe ich diese Worte ausgesprochen, wird mir mein harter Ton bewusst. Gehört es sich, so kategorisch mit einem Typen umzugehen, dem man sich ganz und gar hingeben muss? In diesem Augenblick bin ich mir dessen durchaus nicht bewusst. Da spricht gerade die echte Laura, die sagt, was sie denkt. Er hat kurz ein schiefes Gesicht gezogen, nur eine Sekunde lang, doch lang genug, dass ich es bemerke.

»Wie du willst. Ich dachte nur, dann sind wir ungestörter.«

Er widerspricht mir nicht und respektiert meine Forderung. Letztendlich wird es vielleicht doch nicht so hart.

Da ich aufgeregt bin und mich mies fühle, kann ich nicht aufhören, unnötig zwischen den wenigen Möbeln hin- und herzugehen, als könnte ich so meinen Stress abbauen.

»Alles in Ordnung? Geht es dir gut?«, fragt er mich.

Meine Spannung ist so spürbar, dass der Alte sich verpflichtet fühlt, sich nach meinem Wohlergehen zu erkundigen.

»Ja, es geht, es geht sehr gut«, sage ich rasch, um dieses überflüssige Gespräch hinter mich zu bringen.

»Du bist also Studentin? Was studierst du? Wie alt bist du genau?«

Ich bin unfähig zu antworten. Ich bin zu verunsichert und zu sehr damit beschäftigt, ihn anzusehen. Er hat einen eher athletischen Körper, und abgesehen von seinem Hemd, das zum Kotzen ist, ist der Rest ganz passabel. Er beeindruckt mich in gewissem Sinne mit seinem reifen Alter.

Er stellt mir zwei, drei weitere uninteressante Fragen, die ich eher aus Unbehaglichkeit als aus Unhöflichkeit genauso wenig beantworte.

Ich drehe mich um, und wieder fällt mein Blick auf die hässlichen Vorhänge. Warum lassen sie mich nicht los? Alles an ihnen ekelt mich an. Sie verhöhnen mich mit ihrem Stoff, der wohl noch nie gewaschen worden ist. Ich begreife, dass sie mich so sehr stören, weil sie mir meine elende, abstoßende Lage vor Augen führen.

Er geht durch das Zimmer mit einem schwarzen Aktenkoffer in der Hand, den ich vorher nicht bemerkt habe. Einem richtigen Aktenkoffer eines Geschäftsmanns. Er hat ihn ruhig auf das Fußende des Bettes gelegt und lässt nun die Verschlüsse aufspringen. Eine wirklich unpassende Szene: Man stelle sich diesen Kerl vor, der mit seinem Holzfällerkarohemd den großen Boss spielt!

Aber was kann er denn wohl darin verstecken? Ich werfe ihm einen prüfenden Blick zu. Ich mache mich jetzt darauf gefasst, dass er eine richtige Medizinerausrüstung herausholt, mit Werkzeugen und Utensilien, um mich zu schlachten. Oder vielleicht doch nur ein Apparatchen, um unserer Begegnung die richtige Würze zu verleihen. Plötzlich frage ich mich ängstlich, wozu er wohl fähig sein könnte, schließlich kenne ich ihn nicht seit Urzeiten.

Der Aktenkoffer liegt auf dem Bett, offen. Einen Augenblick meine ich, in einem Tarantino-Film zu sein, und während ich näher herantrete, um den Inhalt zu sehen, kann ich mir sogar Geldbündel vorstellen. Stattdessen ein banaler Brief, den Joe mir hinhält.

»Was soll ich damit? Soll ich ihn hier vor dir vorlesen?«

Er nickt, noch immer wortlos. Das ist gewiss nicht originell, aber er gibt sich verzweifelte Mühe, eine rätselhafte Situation herzustellen, das springt ins Auge. Aber letztendlich muss ich eingestehen, dass es klappt. Verunsichert greife ich nach dem Stück Papier. Seine Schrift ist sorgfältig, und schon ab der ersten Zeile wird klar, dass er seine Worte mit Bedacht gewählt hat.

Hallo Laura,
zuerst einmal bin ich mit deiner Pünktlichkeit sehr zufrieden,
und ich danke dir dafür.

So ein Verrückter! Hat er noch einen anderen Brief geschrieben, für den Fall, dass ich zu spät gekommen wäre?

Heute werden wir zusammen spielen. Ich bitte dich, meinen
Brief zu Ende zu lesen und dich den Aufforderungen nach
und nach zu fügen. Zuerst möchte ich, dass du dich ganz aus-
ziehst.

Dichte peinliche Stille breitet sich aus. Joe schweigt und steht mit verschränkten Armen da. Ein richtiges Vorstellungsgespräch. Wenn ich den Nackttest bestehe, kriege ich sicherlich den Job.

Langsam lege ich den Brief auf das Bett. Ohne zu überlegen, ziehe ich mein Oberteil aus, und ohne auf eine Reaktion seinerseits zu warten, lasse ich meine Jeans die Beine hinuntergleiten. Um mich ganz von ihr zu befreien, bücke ich mich mit einer Bewegung, die verführerisch wirken soll.

Joe stiert mich schrecklich an, mit offenem Mund. Eine beginnende Erektion ist unter seiner Jogginghose zu erahnen.

Mein BH, mein Slip im Kinderwäschestil und meine Strümpfe sind das Einzige, was ich noch anhabe. Ich stehe vor ihm, mit den Händen auf dem Rücken, und präsentiere ihm meine ganze Intimität. Ich bin die Kindfrau, Nabokovs Lolita, und das gefällt ihm sehr. Ich bin von jeder Realität abgeschnitten. Eine wahre Qual beginnt für mich, die ich mit einem Glucksen banne. Ich bin so voller Komplexe wegen meines Körpers, trotz seiner Schmalheit, und die Situation ist wirklich verunsichernd. Er bewegt sich nicht mehr, er schweigt schon seit einer Viertelstunde.

Er atmet ausgiebig ein, und sein Mund öffnet sich. Komm schon, sag was.

»Wouh!«, stößt er aus.

Und das ist alles. Nur ein Laut. Niemand kann verstehen, was ich plötzlich empfinde. Mein Körper bläht sich mit einem Mal vor Hoffnung und Zufriedenheit auf. Dieser Typ, den ich überhaupt nicht kenne, hat mit einem Wort, und das im Bruchteil einer Sekunde, erreicht, woran viele, viele andere gescheitert sind: mir bewusst zu machen, dass mein Körper gefällt. Warum musste gerade er es sein? Darauf habe ich keine Antwort, es ist ganz einfach nicht zu erklären. Ich weiß nur, dass ich zum ersten Mal ein Kompliment höre und annehme. In dieser Sekunde habe ich ihn als Mann wahrgenommen und nicht mehr als das große Ekelpaket, das mich betatschen will. Dutzende Frauen müssen vor ihm defiliert sein, und dennoch ist er noch zu beeindrucken.

Wir lächeln uns komplizenhaft an, und etwas, das seltsamerweise einem Vertrauen nahekommt, stellt sich zwischen uns ein.

»Genau wegen solcher Dinge mag ich die ›Professionellen‹ nicht, sie können gar nicht so unschuldig aussehen wie du.«

Ich weiß nicht genau, wie ich diese Bemerkung auffassen soll. Betrachtet er mich schon als Prostituierte? Reichen bereits ein oder zwei Freier, um diese Bezeichnung zu verdienen?

Mit dem Kinn hat er wieder auf den Brief gedeutet, damit ich weiterlese. Ich füge mich.

Jetzt möchte ich, dass du unter die Dusche gehst, ich dusche nach dir. Ich freue mich sehr, dass du gekommen bist und wir diesen Moment gemeinsam verbringen.

Ich überfliege den Rest des Briefs. Letztendlich liegt die Fortsetzung auf der Hand; bin ich erst mal nackt, unter der Dusche, werden wir wohl kaum eine wilde Partie Scrabble spielen.

Ich danke dir, Laura, dass du heute gekommen bist. Ich bin entzückt, dich kennenzulernen, und ich hoffe, dass wir uns auch in Zukunft sehen. Du machst mir den Eindruck, in Ordnung zu sein.

Ich bin in Ordnung? Wie kann er das wissen? Bin ich in Ordnung, weil ich einverstanden bin, mich ihm in Unterwäsche zu zeigen für Geld, das ich dringend brauche? Der Brief endet mit einem Blabla, mit einer Reihe von Banalitäten, die er wohl meinte für sein Gewissen schreiben zu müssen, und damit ich Vertrauen zu ihm fasse. Gleichwohl verraten seine Worte eine Freundlichkeit, die ich niemals vermutet hätte. Diese Verabredung läuft nicht so wie gedacht. Ich, die ich glaubte, es würde eine

Stunde ohne Überlegen, in der ich mein Gehirn ausschalten würde, finde mich schließlich wieder, wie ich über diesen Kerl nachdenke!

Ich ziehe das kleine bisschen Stoff, das mir bleibt, aus und gehe folgsam ins Bad.

Kaum habe ich die Tür hinter mir zugemacht, stehe ich in diesem beengten Raum vor dem Spiegel. Obwohl ich mich bemühe, kann ich seinem Bild nicht ausweichen. Nackt vor dem Spiegel drohe ich plötzlich melancholisch zu werden. Ich bin ein weiteres Mal aus dieser »Vorstellung« ausgestiegen, denn ich stehe vor mir selbst, vor dem, was ich gerade tue. Nie habe ich mich wirklich so genau und so aufmerksam angesehen. Ich bin merkwürdig stolz auf meinen Körper nach Joes Ausruf der Bewunderung und betrachte mich eingehend. Mein Bauch hat mir nie besonders gefallen, doch in diesem Augenblick sehe ich ihn mit anderen Augen an. Dennoch ist da diese Stimme tief in mir, die versucht, mich zur Vernunft zu rufen. Scheiße, ich gerate völlig in Panik, bin qualvoll hin- und hergerissen zwischen zwei gegensätzlichen Gefühlen.

Die Forderung zu duschen hatte das Abenteuer unterbrochen, eine Unterbrechung, die mich zwingt, wirklich nachzudenken. Um dem ein Ende zu setzen, drehe ich das Wasser auf und reguliere den Druck.

So unpassend es auch erscheinen mag, ich lächle, ja. Denn ich finde mich plötzlich hübsch. Ich bin in die Kindheit zurückgefallen, und das Kompliment dieses Mannes, der älter ist als mein Vater, hat mich überglücklich gemacht wie das eines Großvaters an seine Enkelin.

Das Wasser fließt langsam über meinen Körper, den ich eifrig mit der billigen Seife, eine kostenlose Gabe des Hotels, einschäume. Ich habe keinen Grund, mich so zu schrubben, er hat mich noch nicht berührt. Doch ich mache hektisch weiter, als wollte ich mir die Haut abziehen. Vielleicht wasche ich die Situation ab, ihn, das Zimmer, seine Komplimente, die grünen Vorhänge.

Nunmehr sauber, greife ich nach einem Handtuch, um mich abzutrocknen, das ich dann geschickt zwischen den Brüsten knote, voll Panik bei dem Gedanken, er könnte ins Badezimmer kommen. Ich zögere eine Sekunde. Ich weiß nicht, ob ich nackt hinausgehen soll oder nicht. In dem Moment, als ich mir diese Frage stelle, wird mir klar, dass ich früher oder später ohnehin nackt vor ihm sein werde. Dann entscheide doch besser ich. Meine Hand umfasst den Knoten und löst ihn. Das Handtuch fällt mit einem leisen Geräusch weich zu Boden.

Als ich die Tür öffne, sitzt Joe in Unterhosen auf dem Bett. Ich sehe zum ersten Mal seinen Oberkörper. Keine Überraschung, er ist gute siebenundfünfzig Jahre alt, weiße Brusthaare und ein leichter Bauchansatz.

»Du erregst mich sehr, weißt du das?«, sagt er mit einem Seufzer.

Ja, das denke ich mir.

»Also, die Dinge werden sich folgendermaßen abspielen.«

Er schweigt einen Augenblick.

»Ich liebe Inszenierungen. Ich habe viele Phantasien dazu«, sagt er ruhig.

Als er meinen etwas fassungslosen Blick sieht, erklärt er es mir sofort.

»Ich möchte, dass du jetzt aus dem Zimmer gehst, einen Moment im Flur wartest und dann zweimal an die Tür klopfst. Wenn ich ›herein‹ sage, kommst du herein und machst, um was ich dich bitte.«

»Was? So? Ganz nackt?«

»Ja, so, ganz nackt.«

Willst du nicht auch hundert Euro? So wie die Dinge sich entwickeln, werde am Ende ich ihn bezahlen! Die Fantasie des nackten Mädchens, das an die Tür klopft, geht zu weit. Was würde geschehen, wenn mich jemand sieht? Ich verliere gerade mein Geld.

»Nein.«

»Wie ›nein‹? Warum ›nein‹?«

»Nein.«

»Darf man erfahren, warum?«

Sein Blick hat sich plötzlich verändert. Ich merke am Ton seiner Stimme, dass meine Weigerung das erregende Bild, das er gerade entwarf, zusammenbrechen lässt. Er merkt, dass ich seinen lasziven Erfindungen den Riegel vorschieben kann, und das scheint er, selbst wenn ich höflich und bestimmt bin, nicht akzeptieren zu wollen.

In diesem Moment bekomme ich Angst. Ich habe seine Regeln verletzt. Ich sage mir, dass er, wenn ich nicht dem Ablauf folge, nicht auf das Ziel verzichten wird, das er sich gesetzt hat.

»Weil es mir schwerfällt. Mich vor dir auszuziehen ist schon ein riesiger Schritt für mich. Ich weiß nicht, ich weiß nicht mehr, ob ich weitergehen kann. Du überstürzt alles.«

Bevor ich herkam, dachte ich nicht, dass ich mit ihm so viel reden müsste. Ich bin bereit, ihm meinen Körper darzubieten, damit er mit ihm macht, was er will, während ich die Augen schließe, damit die Zeit schneller vergeht, aber ich mache hier nicht die Schauspielerin. Tote Hündin für eine Stunde, ja, aber nicht die Schauspielerin.

Meine Reaktion ist ehrlich gewesen, und sein Blick wird

nach einigen Sekunden wieder milder. Doch in seinen Augen sehe ich sehr gut, dass er nicht lockerlassen wird. Bingo.

»Hör zu, ich verstehe dich, aber hab keine Angst, vertrau mir, es wird gut gehen. Du musst ja nichts anderes tun, als nur kurz aus diesem Zimmer zu gehen und an die Tür zu klopfen...«

Ich komme seiner Forderung so rasch wie möglich nach; noch einmal: Je schneller ich mich füge, umso schneller sehe ich das Geld. Mein Geld. Ich tue so, als gehörte es mir bereits, sonst sähe ich mich nicht in der Lage weiterzumachen.

Ich gehe also nackt zur Tür und trete hinaus, nicht ohne einen raschen Blick in den Flur geworfen zu haben. Wie lächerlich diese Situation ist! Um nicht zu sagen, wie demütigend! Wenn Manu oder meine Eltern mich in diesem Augenblick sähen... Ich lasse kaum mehr als eine Sekunde verstreichen und klopfe an. So genehmige ich mir nicht die Zeit, darüber nachzudenken, was ich auf diesem verdammten Flur eigentlich mache. Ich stürze ins Zimmer. Er lässt mich nicht noch einmal von vorne anfangen.

Ich stelle mich vor das Bett, auf dem er noch immer sitzt.

»Jetzt streichle dich für mich. Streichle dich, als würdest du deinen Körper gerade zum ersten Mal entdecken.«

Da ich die vorige Lektion verstanden habe, legen sich meine Hände um meinen Hals und gleiten hinauf zum Gesicht. Ohne zu murren, streiche ich mir mit geschlossenen Augen über den Nacken und hebe langsam das Haar, als versuchte ich, ihn glauben zu lassen, es mache mir wirklich Spaß, was ich da gerade tue.

Ich öffne kurz die Augen, nur um zu sehen, wie es mit Joes Erregung steht, und um mich auf eine mögliche brüske Attacke seiner Hände vorzubereiten. Ich habe mich ziemlich verrechnet. Er schaut mich an, wie er einen vulgären Pornofilm angeschaut hätte. Mit leeren Augen, ohne Ausdruck. Ich fahre fort mit meinem Spielchen, lasse die Hände mit banaler Geste über meine Brüste gleiten. Verstohlen schaue ich auf meine Uhr, die ich noch am Handgelenk trage. 14 Uhr 29. Noch etwas über eine halbe Stunde.

Diese Umstände sind dermaßen irreal für mich. Ich kann mich nicht in die Rolle des aufreizenden Mädchens hineinversetzen, Geld hin oder her. Ich bin zu sehr ich selbst, um so zu tun, als ob. Ich möchte nach Hause, was mache ich hier? Ich kann mich nicht entschließen, meine Hände tiefer gleiten zu lassen, in Höhe des Unterleibs sind sie blockiert. So sehr Schauspielerin bin ich nicht.

»Berühr dich mehr, du musst mich noch schärfer machen.«

Ganz klar, das passt ihm nicht. Wieder verliere ich all mein Geld und lasse als Zeichen meiner Mutlosigkeit die Arme seitlich fallen. Ich weiß nicht, wie ich es anfangen, wo ich meine Hände hintun soll. Ich fühle mich linkisch und ihm gegenüber wie eine absolute Null, und gleichzeitig glaube ich genau in diesem Augenblick, ich habe mit all dem Scheiß nichts mehr zu tun. 14 Uhr 34.

»Es geht nicht. Ich kann es nicht.«

»Siehst du, du bist eher eine, die dominiert werden muss ...«, erwidert er in absurd schelmischem Ton.

Nervös, wie ich bin, möchte ich am liebsten loslachen über diesen erbärmlichen Versuch, die Erregung anzufeuern. Doch ich halte mich zurück. Wenn man ein bisschen darüber nachdenkt, ist es nicht falsch: Wer hat schon Lust, jemanden zu dominieren, den er nicht begehrt? Oder sogar mitzumachen? Ja, doch, eigentlich nur eine einzige Gruppe von Leuten: diejenigen, die Geld brauchen.

Eine einzige Antwort hätte ihm gefallen, die mit kindlicher Stimme gesprochen, gelautet hätte: »Ja, ich will unbedingt, dass du mein Meister bist.« Selbstverständlich bin ich dazu absolut nicht fähig. All das läuft überhaupt nicht so, wie ich es mir gedacht hatte. Ich habe geglaubt, ich lasse mich schnell ficken und fertig. Mein übliches Glück, einem Perversen in die Hände zu fallen...

»Komm, setz dich aufs Bett«, sagt er nach einer Minute, in der er die Lippen hin- und herschiebt. »Ich werde die Dinge jetzt in die Hand nehmen.«

Sein Ton ist entschieden, es wird ernst. Seine Phantasien sind stärker als er selbst.

Nachdem ich seiner Anordnung gefolgt bin, sitze ich neben ihm auf diesem schäbigen Bettüberwurf, der bestimmt, nach seiner undefinierbaren Farbe zwischen Blau und Grün zu urteilen, seit Eröffnung des Hotels hier liegt.

Wieder entspreche ich ohne Murren seinen Erwartungen; eine letzte Anstrengung, Laura. 14 Uhr 36. Ich sitze jetzt mit nackten Brüsten auf dem Bett. Seine Augen, sein Gesichtsausdruck, sein Geschlechtsteil verlangen nach mehr. *Komm schon, schau sie dir gut an, tu dir keinen Zwang an.* Wenn er sie weiter so bewundert, müsste ich ihm vielleicht nicht einmal den Rest meines Körpers hinhalten.

»Leg dich auf den Rücken.«

Eijeijei. Nicht blöd, dieser Typ. 14 Uhr 41.

Er legt seine Hand auf mein Dekolleté und drückt mich sanft nach hinten. Zum ersten Mal spüre ich seine Handfläche auf meinem Körper, zum ersten Mal berührt er mich.

Auf dem Rücken liegend, bewundere ich die Decke, von der überall die Farbe abblättert, und warte darauf, dass ich seine Haut auf meiner spüre. Seine Hand ist in dem Moment gekommen, als meine Aufmerksamkeit nachgelassen hat, nicht völlig überrascht, zucke ich leicht zusammen. Er beginnt am Bauch und streicht langsam zum Hals. Ohne jeden Zweifel will er Sinnlichkeit herstellen, doch es hat nicht die geringste Wirkung auf mich. Auch seine andere Hand kommt. Das Hin und Her auf meinem Oberkörper wird rauer, intensiver; er beschleunigt den Rhythmus im selben Maße, wie seine Erektion wächst. Ich habe die Augen noch nicht ein einziges Mal aufgemacht, weil ich glauben will, all das ist nur ein sehr böser Traum.

Ich weiß nicht mehr, ob ich mich übergeben oder weinen will mit seinen alten Pfoten auf mir. Ich bin ein lebloser Körper, der da auf dem Bett liegt. Schließlich hat er einen Körper bestellt, hier hat er ihn. Hätte er mich in diesem Augenblick gebeten, mehr zu machen, hätte ich ihn geohrfeigt.

Stattdessen endet der Körpertanz. Er richtet sich auf. Ich mache mich auf eine neue absonderliche Forderung gefasst.

»Setz dich auf, wir reden«, sagt er.

Ich weiß nicht, ob es ein Witz ist oder nicht. Mit ihm zu reden – ist das Teil des Vertrags? Ich vermute, da er mich bezahlt, kann er sich quasi alles erlauben.

»Warum bist du heute hier?«

Die Zehntausend-Dollar-Frage oder wie treibt man eine Studentin in die Enge.

»Gibt es jemanden in deinem Leben? Was machst du hier in V.?«

Die Fragen sind sehr persönlich. Ich gehe nicht das Risiko ein, ihm die richtige Version meines Lebens zu erzählen: Alle Grenzen des Erträglichen würden überschritten, wenn ich ihm Hinweise auf mein wahres Leben gäbe. Und ich werde ja schließlich nicht dafür bezahlt, dass ich die Wahrheit sage.

»Nein, es gibt niemanden in meinem Leben.«

14 Uhr 49. Zehn kurze Minuten, die sich als fürchterlich herausstellen.

»Ist es für dich, dieses Geld?«

Ich schüttle den Kopf. Nach einem kurzen Schweigen sagt er: »Es ist gut, was du machst.«

Wirklich?

»Weißt du, auch ich habe Menschen, die auf mich zählen. Ich bin geschieden, ich habe eine Tochter. Etwas älter als du. Ich habe noch einmal geheiratet, eine sehr schöne Frau, das ist schon ein Weilchen her. Der Sex mit ihr ist nicht so ganz das Wahre. Und übrigens habe ich schon vor langer Zeit den Gedanken aufgegeben, sie an meinen Fantasien teilhaben zu lassen. Es ist nicht leicht, weißt du, sich jemandem gegenüberzusehen, der dich nicht mehr begehrt.«

Und für mich ist es nicht leicht, genau in diesem Augenblick anzuhören, wie er sein Leben auspackt. Ich verstehe nicht, wie er dazu kommt, sich mir anzuvertrauen, wo er mich doch zum ersten Mal sieht. Wenn ich ihm weiter zuhöre, werde ich mir unvermeidlich sein Leben vorstellen, mir Bilder ausmalen, wie er außerhalb dieses

Zimmers ist. V. ist eine kleine Stadt, und die Möglichkeit, Joe mit seiner Familie bei einem Bummel zu begegnen, ist nicht ausgeschlossen.

Wenn man sich überlegt, dass er sie, wenn er hier rausgeht, bestimmt trifft… bei dem Gedanken laufen mir Schauer durch den ganzen Körper. Seine Frau tut mir leid, ich frage mich, was sie wohl dächte, wenn sie wüsste, dass ihr Mann regelmäßig junge Mädels aufs Kreuz legt und – über den Handel hinaus – ihnen während der »Sitzung« von ihr erzählt.

»Ich will nichts wissen von deinem Leben.«

Ich koche vor Genervtheit. Für wen hält er sich, dass er andere so missbraucht, er, der wohl nicht ganz klar ist im Kopf und in seiner Denkweise? Kein Ton kommt mehr aus meinem Mund. Ich hatte geglaubt, ich könnte quasi mechanisch die Nutte spielen, und siehe da, nun will er in meine Gehirngänge dringen.

Joe entgegnet sanft: »Beruhige mich, verbindest du mit mir nicht das Nützliche mit dem Angenehmen?«

Jetzt ist der Gipfel des Absurden erreicht. Ich suche in seinen Augen, in seinem Tonfall nach einem Hinweis, der mir beweist, dass er nicht im Geringsten denkt, was er gerade gesagt hat. Nichts von all dem. Er meint wahrhaftig, ich tue es nicht nur wegen des Geldes, sondern auch, weil ich es im Grunde wirklich gerne tue. In seiner kranken Vorstellung kann sich eine Frau nicht nur wegen der Kohle hingeben, er braucht noch einen anderen Grund. Und immer noch in seinem kranken Hirn gefällt es ihm bestimmt zu denken, dass er gar nicht so übel ist. Wäre es für einen Alten, den seine Frau nicht mehr begehrt, so hart, sich einzugestehen, dass meine einzige Motivation eine finanzielle ist?

Ich sage nichts; ich bin nicht einmal mehr wütend, ich bin verwirrt. Er nimmt mit seinen Händen wieder den Tanz auf meinem Körper auf, berührt mein Dekolleté, meine Brüste und meinen Bauch. Seine Haut brennt auf mir, sie stört mich, doch ich lasse mir nichts anmerken. Er nähert sich nicht meinem Unterleib, mein Geschlecht ist noch immer jungfräulich unberührt von seinen Händen, was mich in meiner Verzweiflung erleichtert.

»Das nächste Mal bringe ich dir etwas mit, du wirst schon sehen, es wird dir gefallen ...«

Joe plant also bereits, dass wir uns wiedersehen. Wieder einmal antworte ich ihm nicht. Ich werde ihm nicht entgegenbrüllen, dass das überhaupt nicht infrage kommt.

»Es ist gut, du kannst dich wieder anziehen, die Stunde ist um.«

Die Befreiung, es ist 15 Uhr. Es ist geschafft. Ganz pünktlich steht er auf.

Er kramt in seinem Aktenkoffer, während ich eilig meine Sachen überstreife. Wieder schmeichelt er mir.

»Ich bin wirklich zufrieden, weißt du. Unser erster Kontakt war super, das hat mir richtig Spaß gemacht. Du bist großartig. So jemanden wie dich habe ich nicht erwartet. Außerdem bist du sensibel und entgegenkommend, das schätze ich sehr. Gut, klar, du warst anfangs ein wenig zurückhaltend, aber auch ich bin schüchtern, du wirst sehen, die nächsten Male geht es besser.«

Ein Umschlag wird mir gereicht. Und ohne mich zu fragen, ob es die Umstände oder die guten Manieren verlangen, erst draußen nachzuzählen, bestaune ich vor seinen Augen meine Ausbeute. Joe gibt mir nicht hundert Euro, wie ich gedacht habe, sondern zweihundertfünfzig! Zwei Hunderter und einen Fünfziger. Nie zuvor habe ich einen Hunderterschein gesehen. Meine einzige Sorge beim Blick auf dieses ganze Geld ist, wie kann ich, ohne Verdacht zu erregen, hundert Euro aus meiner Tasche ziehen. So viel gebe ich nie aus: Die Fünfeuroscheine entsprechen eher meinem Alltag.

»Wir treffen uns im Internet. Aber solltest du mich beim MSN Messenger sehen, chatte mich nicht an. Da ist oft meine Frau unter meinem Namen im Netz.«

Und nun fahren wir mit demselben Aufzug nach unten, mit dem wir gekommen sind. Die Polizisten stehen nicht mehr an der Rezeption, doch in diesem Moment kann es mir verdammt egal sein. Ich schwebe, dieses frisch verdiente Geld hat mir Flügel verliehen. Jetzt komme ich zurecht, innerhalb einer Stunde habe ich genug verdient, um mich von einigen Rechnungen zu befreien, die mich schon länger drücken.

Nicht weniger als zweihundertfünfzig Euro, um mich ansehen zu dürfen, ich habe ihm wirklich das Geld abgeknöpft! So ein Arsch, und dann glaubt er auch noch, wir würden uns wiedersehen! Niemals, das ist vorbei, nur ein einziges Mal, mehr nicht. Da ich fürchte, er könnte sich bewusst werden, dass er hereingefallen ist, gehe ich eilig davon. Ich möchte auch das Hotel rasch hinter mir lassen und alles schnell vergessen.

Ich bin so unglaublich erleichtert, dass nun alles vorbei ist, dass ich an nichts anderes denke. Ich begreife noch nicht, dass der gewiefte Joe mich mit seinen Schmeicheleien und sanften Worten manipuliert hat und haargenau weiß, was er tut.

Ich denke an nichts anderes als an die Kohle, die nun mir gehört und mit der ich eine Zeit lang aufatmen kann. Das nächste Mal werde ich eine andere Lösung finden. Ich lächle, als ich auf meine Jeanstasche klopfe, in der der rettende Umschlag steckt.

Ja, als ich endlich allein war, habe ich triumphierend gelächelt.

Kapitel 9

Der Liebste

12. Dezember 2006

Nach dem Treffen mit Joe habe ich keine Lust, sofort zur Arbeit zu gehen. Ich habe eine halbe Stunde Zeit. Ein Anruf bei meinen Freundinnen, und schon schlage ich den Weg zu meinem Lieblingscafé ein, das mein Freund Paul im Stadtzentrum führt.

Als ich dort ankomme, lächle ich ganz natürlich. Nichts in meinem Gesicht lässt erahnen, was ich vor einer halben Stunde gemacht habe. Wir scherzen miteinander, es ist genau das, was ich brauche, um nicht an die vergangene Stunde zu denken. Nach einer guten Stunde, in der wir uns den neuesten Tratsch erzählt haben, kommt der Moment, wo die Rechnung beglichen werden muss.

»Ihr Lieben, es tut mir leid, aber ich kann meinen Kaffee nicht bezahlen. Könntet ihr mir vielleicht was vorstrecken? Ich zahle es euch zurück, versprochen.«

Ich kann doch unmöglich meinen Hunderter, ja, nicht einmal den Fünfziger aus der Tasche ziehen. Sie hätten es nicht verstanden, wo ich doch nie einen Cent habe. Sie kennen mich gut und wissen, dass ich oft nicht bezahlen kann. Wortlos haben sie den Bon genommen und sich die Summe geteilt.

»Kein Problem, Laura. Die nächste Runde geht auf dich«, sagt die eine lachend.

Wahrscheinlich glaubt sie gar nicht dran. Meistens bin ich dermaßen abgebrannt, dass ich mir nicht mal meinen eigenen Kaffee leisten kann. Oft bitte ich sie, zu mir zu kommen, statt uns im Bistro zu treffen, damit ich gar nicht erst in die Lage komme, sie anbetteln zu müssen. Doch immer wenn ich meinen Arbeitslohn bekomme, lade ich sie alle auf ein Glas ein, nur auf eines, was uns aber finanziell wieder ins Reine bringt.

Ahnen die beiden heute irgendetwas? Ich gebe mir große Mühe, ich selbst zu sein: heiter und offen. Die letzte Zeit war hart für mich, aber ich habe ihnen nie etwas davon anvertraut. Wenn sie zu mir kommen, fragen sie mich, ob ich etwas zu knabbern habe, und ich antworte lachend, ich hätte keine Zeit gehabt einzukaufen.

Obwohl ich mir alle erdenkliche Mühe gegeben habe, ihnen meine prekäre Finanzlage zu verbergen, lassen sich meine Freundinnen nicht hinters Licht führen. Ohne das Ausmaß zu kennen, sehen sie doch, dass ich mich abrackere. Schon seit Langem zahlen sie meine Kaffees, sie achten schon gar nicht mehr richtig darauf. Dennoch bringt mich diese Situation immer wieder vorübergehend in Bedrängnis. Doch dieses Mal erinnere ich mich, etwas anderes empfunden zu haben, etwas Schweres, ein Schuldgefühl: Das Geld ist in meiner Tasche. Mit dem, was ich gerade verdient habe, kann ich ihnen endlos viele Runden ausgeben.

Am Abend treffe ich Manu in einer Bar und bestelle mir nichts. Ich sehe zu, wie er sein Bier austrinkt.

»Na, meine Schöne? Wie war dein Tag?«

»Na ja, ein ganz normaler Tag, nichts Besonderes.«

Von wegen! Das war alles andere als ein normaler Tag,

aber ich kann ihm ja wohl kaum antworten: »Ja, alles okay, ein eher normaler Tag. Vor dem Job habe ich mich von einem alten Kerl betatschen lassen, den ich gestern noch nicht kannte, und außerdem hat er mir zweihundertfünfzig Euro bezahlt. All das, damit ich dir die Kohle für deine Miete und deine Rechnungen rüberreichen kann, während du kiffst und allen hier eine Runde ausgibst! Nicht schlecht, das musst du zugeben.«

Als ihm sein Alkoholpegel hoch genug erscheint, machen wir uns auf den Weg in unser »warmes Nest«. Unterwegs erzählt er mir albernes Zeug und bringt mich damit zum Lachen. Manu ist immer viel fröhlicher, wenn er angetrunken ist, ich glaube, eigentlich gefällt er mir so besser.

Schweigend haben wir unsere Wohnung betreten, die Euphorie des Abends, die Freude an unserer Beziehung ist verflogen. Wir haben uns für die Nacht zurechtgemacht wie ein seit zwanzig Jahren verheiratetes Ehepaar. Angesichts seines Zustands beim Verlassen der Bar könnte ich heute Abend vielleicht versuchen, ihn ein bisschen in Erregung zu versetzen. Ich gestehe, eine Sekunde daran gedacht zu haben.

Manu und ich haben nur selten Sex miteinander: Er »kann« oft nicht, wie man so sagt. Alle Paare, die seit einigen Jahren zusammen sind, zwingen sich zu dem Gedanken, so etwas sei nur vorübergehend. In meinem Fall empfinde ich diese Phase mittlerweile als etwas lang und die persönliche Lusterfüllung als ziemlich öde. Schon seit geraumer Zeit lasse ich ihn in Ruhe, wenn er nicht auf mich zukommt. Ich, eine Person, die man mit dem galanten Begriff »Verführerin« beschreiben kann, begehre ihn nicht mehr. Beunruhigt habe ich sogar meine Gynäkologin um Rat gefragt, die mir versicherte, so etwas trete häufig auf, wenn man sich vom anderen nicht begehrt fühle. Volltreffer! Wir bilden ein schönes Team, er mit seinen halben Erektionen und ich mit meiner trockenen Scheide. Wie die meisten Menschen liebe ich Sex und sehe ihn als wesentlich an für das Paar; es ist somit kein Zufall, dass meine Beziehung zu ihm ernsthaft wackelt. Ich bin an einem Punkt angelangt, wo ich ganz einfach will, dass er mich fickt. Vor dem heutigen Abend. Denn heute Abend habe ich gemerkt, dass ich ihn nie mehr begehren werde.

Erstaunlicherweise scheint er sich keine großen Sorgen darüber zu machen. Offenbar interessiert ihn in den letzten Monaten nichts anderes als seine Kneipenabende und die Uni. Ohne es uns einzugestehen, wissen wir, dass unsere Beziehung kurz vor dem Aus steht. Wie nehmen es hin, ohne aufzubegehren, denn wir wissen, dass wir nichts dagegen tun können. Wenn die Liebe geht, ist es schwer, sie aufzuhalten, selbst mit beharrlichen Anstrengungen.

Als ich uns an diesem Abend zusehe, wie wir schweigend vor dem Spiegel die Zähne putzen, wird mir wieder einmal bewusst, dass diese Situation nicht länger andauern kann. Unsere Beziehung ist eine riesige Farce. Hat es damit zu tun, was an diesem Nachmittag geschehen ist? Sicher ist dieses Erlebnis ein Auslöser, aber die unterschwelligen Spannungen zwischen uns gibt es schon seit einer Weile.

Wird er mit mir reden, mir auch nur das Geringste sagen? Ich spüre tief in mir, dass ich es nicht dulden werde, dass er nichts sagt, dass er nicht erahnt, was ich heute ertragen habe. Es würde bedeuten, dass er mich tatsächlich nicht mehr so versteht wie früher, wo er sekundenschnell begriff, wenn mit mir etwas nicht stimmte. Ich brauche seine Schulter, seinen Arm, dass er mich beschützt und mir beim Vergessen hilft, gerade heute Abend.

Ich schlüpfe zwischen die Laken. Das Schweigen lastet schwer. Nicht heute Abend, Manu, ich bitte dich, ignoriere mich heute Abend nicht, nimm mich in die Arme. Er kommt ins Bett, ohne mich anzusehen. Er scheint unsere seit einer Weile zur Gewohnheit gewordene Schlafstellung einnehmen zu wollen: Rücken an Rücken. Ich bekomme demonstriert, was ich mich seit Monaten weigere zu erkennen: Unsere Beziehung ist tot.

Auch jetzt, als er sich hingelegt, und auch als er schon die Augen geschlossen hat, habe ich noch immer die Hoffnung, dass er anfängt zu reden. Ich fasse mir ein Herz.

»Gute Nacht.«

»Mhh«, antwortet er schläfrig.

Ja, gute Nacht, Manu. Auf Wiedersehen.

Kapitel 10

Einsamkeit

13. Dezember 2006

Das durchdringende Klingeln des Weckers reißt mich
rücksichtslos aus dem Tiefschlaf. Ich konnte gestern
Abend nicht zur Ruhe kommen, ich habe mich in meinem
Bett gedreht und gewälzt und musste immer an den Tag
denken, der hinter mir lag. Ich bin aufgestanden, habe
tausend Zigaretten in der Küche geraucht. Ich habe sogar versucht, für mein Seminar zur Geschichte der italienischen Kultur zu lernen, doch vergeblich. Mein Kopf
war zu beschäftigt. Erst um fünf Uhr morgens sind mir
vor erdrückender Müdigkeit die Augen zugefallen.

Manu schläft noch. Schweigend betrachte ich seinen
mir zugewandten Rücken. Ich mache den Wecker aus,
und plötzlich erinnere ich mich. Der gestrige Tag. Der
Albtraum. Die Albträume.

Seit dieser Nacht weiß ich, dass mit Manu alles aus ist.
Unsere Beziehung, die anfangs ein Vorbild an Leiden-
schaft, an Einverständnis war, hat sich langsam aufgelöst, ohne dass ich etwas dagegen tun konnte. Ich fühle
mich allein, als ich an diesem Morgen aufstehe, allein mit
meinem geisttötenden Alltag. Diesen 12. Dezember 2006
werde ich nie vergessen, diesen Tag, an dem sich so vieles
in meinem Leben verändert hat.

Doch habe ich keine Zeit, weiter darüber nachzuden-

97

ken. Ich muss mich anziehen und zur Uni eilen. Dabei habe ich nur einen Wunsch: ins Bett zu kriechen und zu weinen. Doch das geht nicht. Das weiß ich jetzt. Tag für Tag werde ich aufstehen müssen. Ich werde mit der Last dieses Tages weiterleben müssen. Ich hasse mich in diesem Augenblick. Selbst im Pyjama, versteckt unter viel Stoff, meine ich, mein beschmutzter Körper wäre allen Blicken ausgesetzt. Ich habe das Gefühl, dass er Lasterhaftes ausschwitzt, dass er unweigerlich angestarrt werden muss, weil er so viel Hässlichkeit ausstrahlt. Ich fühle mich furchtbar schmutzig. Wäre es noch schlimmer, wenn Joe mich ganz und gar besessen hätte?

Ich stehe taumelnd auf. Ich kann mich kaum aufrecht halten. Im Badezimmer lasse ich, anfangs regungslos, eine Viertelstunde lang Wasser über meinen Körper laufen. Dann greife ich zum Schwamm und reibe mit aller Kraft über meine Haut. Unter dem heftigen Scheuern wird sie plötzlich rot. Es ist mir egal, ich kann nicht aufhören. Ich möchte diesen ganzen Dreck abwaschen und so tun, als hätte es den gestrigen Tag nicht gegeben. Ich habe gestern alles verloren: Manu und meine Selbstachtung. Für zweihundertfünfzig Euro.

Ich beeile mich, um die Metro nicht zu verpassen. Die Realität fängt mich ein: Ich habe nicht einmal die Zeit, mein Schicksal zu beklagen, ich muss zur Uni. Aber wie soll das gehen? Ich weiß, dass ich unfähig sein werde, mich zu konzentrieren, unfähig zuzuhören oder zu lesen, egal, was. Unablässig sagen mir Stimmen in meinem Kopf, dass ich nur eine Nutte bin. Ich habe meinen Körper verkauft. Ich habe mich für Geld einem Unbekannten hingegeben, während mein Freund in seiner Vorlesung saß. Ich bin nichts wert, ich bin schmutzig und habe das Gefühl, dass ich es mein ganzes Leben lang bleiben werde.

Schweigend ziehe ich mich an und schließe leise die Wohnungstür hinter meiner Beziehung mit Manu. Nie wieder werde ich ihn mit derselben Unschuld ansehen. Ich habe ihn nicht nur betrogen, das geht weit darüber hinaus. Ich habe mich selbst betrogen, ich habe mich prostituiert. Dieses Wort schnürt mir die Kehle zu, wenn ich es ausspreche. Doch es kommt immer wieder, denn genau das ist geschehen.

Es herrscht Frost an diesem Morgen. Ich laufe schnell, um dem eisigen Wind zu entkommen, und wer weiß, vielleicht betäubt dieses Tempo meine Gedanken. Ich fühle mich mutlos, niedergeschlagen, ich habe nicht einmal die Kraft zu weinen.

Die Fahrt bis zur Uni hat nichts verändert. Wenn man sich in die Metro setzt, fängt man an zu denken, zu überlegen. Unweigerlich ist man gezwungen nachzudenken, über sich, über das Leben, über das, was man ist. Ich denke, ohne dass es mir bewusst ist, ohne es zu wollen. Ich meine, alle könnten in meinem Gesicht lesen, was ich gestern getan habe. Ich merke, wie ich rot werde, und verstecke mein Gesicht hinter dem großen Schal um meinen Hals.

Selbst wenn ich mit Manu zusammenbliebe, würde er sicherlich früher oder später begreifen, was ich gemacht habe. Meine Sünde ist zu präsent in meinem Kopf, als dass sie mir nicht äußerlich anzusehen wäre. Ich bin müde nach dieser kurzen Nacht, aber ich weiß, dass es mir heute nicht mal gelingen wird, auch nur einzudösen. Die Plackerei war nicht genug, ich werde nun ein Leben lang in meinen Gedanken für meinen Fehler büßen müssen.

Verstört steige ich aus der Metro, die Bilanz meines

Lebens ist viel schlimmer als zuvor. Eines ist sicher: Das Studium wird meine Zuflucht sein. Abgesehen davon war Manu das Einzige, was wirklich die Mühe lohnte, dass ich mich verausgabe, dass ich etwas von mir gebe. Jetzt, wo alles vorbei ist, kann ich es mir nicht erlauben, mich gehen zu lassen. Ich muss mein Leben wieder in den Griff bekommen. Ich habe einen Fehler gemacht, doch ich schwöre mir, dass es nie wieder passieren wird. Der Beweis: ein einziges Mal hat gereicht, um den Mann zu verlieren, den ich liebte. Nie mehr ...

Kapitel 11

Der Parkplatz

22. Dezember 2006

»Nie mehr!« Ich hätte schließlich darauf vorbereitet sein müssen, dass mir, wenn ich alle Rechnungen bezahlt und Manu die Miete ausgehändigt habe, nichts übrig bleibt. Wieder droht mir die Plackerei, ich muss einen Platz finden, wo ich schlafen kann. Aber wie? Eine Kommilitonin ist bereit, mich für eine Weile bei sich aufzunehmen. Sie lebt allein in ihrer Wohnung, und ich glaube, sie ist eigentlich ganz froh, Gesellschaft zu haben.

Bei ihr mache ich mich für ein neues Treffen zurecht. Ich habe wieder auf eine der unzähligen Annoncen geantwortet: An Nachfrage nach Studentinnen mangelt es nicht, somit habe ich leicht eine neue Beute gefunden.

Die alltägliche Tretmühle hat sich weitergedreht und ich mich mit ihr, nun muss ich alleine zurechtkommen. Auf der Suche nach einer neuen Wohnung habe ich natürlich viele Ausgaben, die ich allein mit meinem Telemarketing-Verdienst nicht bezahlen kann. Wieder einmal befinde ich mich in einem deutlichen finanziellen Engpass. Das ist nicht mehr nur eine einfache Plackerei: Ich merke, wenn ich nichts tue, wird dieser Zustand immer wieder eintreten, und ich werde nie den Kopf über Wasser haben. Wenn ich in einer eigenen Wohnung leben will, ist das der Preis, den ich zahlen muss.

Ich habe bereits einen Job und meine Uni-Veranstaltungen, was könnte ich sonst noch tun? Ich stelle mir diese Frage und kenne die Antwort im Voraus. Diese Tür steht mir offen, trotz all meiner Vorsätze.

Das erste Mal mit Joe, das in meinem Kopf nicht wirklich zählt, da es so anders gelaufen ist, als man es sich gemeinhin vorstellt, weckt in mir gemischte Gefühle. Mich vor ihm auszuziehen und seine Phantasien ertragen zu müssen, hat mich stark verunsichert. Und dennoch meinte ich noch, ich hätte ihn ausgenommen. Schreckliches erstes Mal letztendlich, denn nun, da es mir wieder an Kohle fehlt, gelingt es mir nicht, mir diese Option aus dem Kopf zu schlagen.

Also habe ich mit einem anderen Typen Kontakt aufgenommen. In Trance vor einem diskreten Computer der Universität habe ich mich ein weiteres Mal hinreißen lassen. Noch immer in dieser geistigen Verfassung, ziehe ich dieses Treffen nur in Betracht, um meine Kasse aufzufüllen und mir alle Ausgaben vom Hals zu schaffen, die noch für die Wohnung ausstehen. Wir haben zwei Stunden à siebzig Euro pro Stunde ausgemacht. Zudem, ganz klar, zahlt er das Restaurant.

Er ist jung, erst sechsundzwanzig, und heißt Julien. Vielleicht, habe ich mir gesagt, würde es mit ihm einfacher als mit einem Alten wie Joe. Ich bin auch gespannt zu erfahren, was ihn dazu bewegt, eine Prostituierte zu bezahlen. Ich meine, in seinem Alter eine Frau zu finden, kann doch nicht so schwer sein.

Wir haben uns vor einem Restaurant im Zentrum verabredet. Sollte ich dieses Mal einem Bekannten begegnen, wäre es keine besondere Herausforderung, eine Erklärung zu erfinden. Wir gehören derselben Generation an, das hilft sehr. Die Leute würden sich keine Fragen stellen, wie sie es getan hätten, wenn sie mich in Begleitung von Joe gesehen hätten.

Ich muss nicht warten, er ist bereits da, als ich komme. Auf den ersten Blick verstehe ich, warum er mich kontaktiert hat. Er strahlt einen ungeheuren Frust aus. Körperlich ist er mehr als unspektakulär: nicht besonders groß, nicht wirklich klein, runder Rücken. Er hat einen schrecklichen Haarschnitt, einen, der ihn auf der Stelle in die Kategorie Spießer einordnet: Das Haar steht ihm in einer Art Igelfrisur vom Kopf, auch an den Seiten. Keinerlei Stil in dieser Hinsicht.

Seine Kleidung lässt auch zu wünschen übrig, denke ich gehässig. Geschmackloser, bordeauxroter Wollpullover, schlecht sitzende Jeans und gammlige Turnschuhe. Sein Gesamteindruck hat etwas Lächerliches. Ein typischer armer Kerl, nach dem ich mich auf der Straße nie umdrehen würde. Eher eine gute Zielscheibe für die Lästereien mit meinen Freundinnen. Sind wir grausam? Ja, vielleicht.

Wir haben uns mit flüchtigen Küsschen begrüßt. Er ist sichtlich gehemmt und scheint schon zu bedauern, gekommen zu sein. Als wir das Restaurant betreten, hoffe ich, dass die Leute nicht glauben, wir wären zusammen. Hochmut am falschen Platz. Ich bin froh, mich für diesen Abend nicht zu chic gemacht zu haben: Ich habe eine Jeans und ein kleines Top angezogen, sexy, aber nicht zu sehr.

Das Lokal entspricht ihm: nichtssagend. Keinerlei Deko, weiße Wände, nur ordentlich in Reih und Glied stehende Tische. Am meisten stört mich wahrscheinlich das grelle weiße Licht, es setzt uns zu sehr den Blicken aus. Aber so kann ich das Lokal eingehend betrachten: grauenhaft. Der

Gastwirt hat nicht einmal versucht, den Eindruck von Zwanglosigkeit herzustellen, was mir gefallen hätte. Der schlechte Geschmack verfolgt mich also in meiner Erfahrung als Prostituierte, um mich jedes Mal ein bisschen mehr daran zu erinnern, was ich tue. Selbst wenn mir dieser Ort gefallen hätte, würde die Tatsache, dass ich mit einem Freier hier bin, mich in Zukunft davon abhalten wiederzukommen. Ein Freier? Ja, ein Freier, denn ich mache die Nutte.

Die Kellnerin gibt uns einen Tisch neben einem anderen Paar. Das Restaurant ist proppenvoll, die Tische stehen dicht nebeneinander. Ich merke, wie Julien sich ein kleines bisschen verspannt, er hätte lieber etwas abseits gesessen, um nicht aufzufallen. Als wir sitzen, schweigen wir einen Moment, ich ahne, dass er sich unter dem Tisch nervös die Hände reibt, da er nicht weiß, wie er das Gespräch eröffnen soll. Ich beschließe, ihm zu Hilfe zu kommen, aus Mitleid und vor allem weil ich keine Lust habe, einen ganzen Abend ohne Gespräch zu verbringen.

»Was machst du so im Leben?«

»Ich arbeite in einem Unternehmen am Rande von V. Die Arbeit ist ganz interessant und ...«

Ein Satz und schon langweile ich mich. Ich sehe ihn an, höre ihm aber nicht zu und lasse meine Gedanken schweifen. Ich werde mich am nächsten Morgen nicht erinnern können, was er mir an diesem Abend alles erzählt hat. Ich werde mich nur an einen Wortschwall, an einen einschläfernden Monolog erinnern, der ihm seine Selbstsicherheit wiedergegeben und seine offensichtliche Befangenheit genommen hat. Dieser Typ ist wirklich uninteressant, genauso wie sein Job.

Da ich mich zu Tode langweile und es nicht länger verbergen kann, fange ich an, ihn ein bisschen zu provozieren. Das ist einer meiner größten Fehler: Kaum wittere ich eine Schwäche bei meinem Gegenüber, nutze ich sie aus. Ich bin überhaupt nicht selbstbewusst, aber es gelingt mir immer, mir dies nicht anmerken zu lassen. Darum fällt es mir schwer, Verständnis für die Leute aufzubringen, die dazu nicht fähig sind. Ganz eindeutig, dieser Typ ist ein Loser, denke ich, und Pech für ihn, sein Verhalten zeigt es auch noch.

Ungeduldig unterbreche ich sein stumpfsinniges Gerede.

»Warum bist du heute hier?«

»Hier? Du willst wissen, warum ich dieses Restaurant ausgesucht habe?«

»Aber nein, nicht doch! Hier mit mir. Warum hast du eine Anzeige aufgegeben und eine ›Masseuse‹ gesucht?«

Ich habe ihn sichtlich verunsichert. Meine Attacke und mein provokanter Ton machen ihn verlegen. Hektisch schaut er nach rechts und links, um zu sehen, ob jemand meine Bemerkung gehört hat. Ich sehe schon die ersten Schweißperlen auf seiner Stirn. So ein Arsch! Glaubt er wirklich, ich tue während des ganzen Essens so, als wüsste ich nicht, dass er nur eines im Sinn hat, mich zu ficken? Es sei denn, er weiß nicht genau, was er will.

»Äh ... ja ... das ist ziemlich kompliziert, weißt du ... Ich habe so was noch nie gemacht, es ist das erste Mal.«

Komm, spuck schon aus, dass du dringend einen Fick brauchst. In Gedanken werde ich richtig ordinär.

»Tja, ich bin verheiratet ... sie ist prima, eigentlich perfekt ... aber, nun ja, was den Sex angeht ... ich weiß nicht genau, was los ist ... das ist kompliziert ...«

»Das kann doch gar nicht so kompliziert sein. Deine Frau ist frigide, das ist es doch.«

Da habe ich wirklich kein Blatt vor den Mund genommen. Erstaunt richtet er sich auf, dann lässt er die Schultern wieder sinken, als stimmte er meinen Worten zu. Dieser Typ hat Tabus, die ich in einer Sekunde übertreten habe. Scheiße, es gibt keinen Grund, dass nur ich alleine leide.

»Äh ... ja, stimmt ... Sagen wir mal, sie begehrt mich nicht richtig. Anfangs dachte ich, das wird schon, das dauert ein wenig, verstehst du? Wir sind jetzt seit einem Jahr verheiratet, doch sexuell hat sich nichts verändert, im Gegenteil. Sie stößt mich immer zurück, und ich wage nicht, sie zu bedrängen oder mit ihr darüber zu sprechen. Ich habe auch nicht viele Freunde, mit denen ich darüber reden könnte, und ...«

Nun ist es raus, dieser Typ ist völlig verzweifelt. Da er sicherlich zu früh seine Jugendliebe geheiratet hat und ihm die Kumpel fehlen, mit denen er einen draufmachen könnte, wendet er sich an Prostituierte, um seinen Kummer loszuwerden. Er hat kein richtiges soziales Umfeld und hofft, heute Abend diese Lücke mit mir füllen zu können. Wieder verliert er sich in endlose Selbstgespräche, erklärt mir, er fühle sich sehr einsam, seine Arbeit interessiere ihn eigentlich nicht im Geringsten und vieles andere, das ich vergesse, kaum dass er es ausgesprochen hat. Wieder unterbreche ich ihn brutal.

»Ein Paar ohne Sex, das ist doch nur Freundschaft«, sage ich harsch.

Er sieht mich an, als hätte ich etwas Schreckliches gesagt. Ich glaube ja nicht so ganz, was ich da gerade von mir gegeben habe, aber dieser Typ macht mich rasend, und er weckt meine grausame Ader. Doch er bleibt trotz meines Angriffs still.

In diesem Augenblick wird mir bewusst, dass das Leben eines Freudenmädchens sich nicht auf den Sex beschränkt. Viele Kunden gehen zu Prostituierten, nur um zu sprechen, um sich ihr langweiliges oder bedrängtes Leben von der Seele zu reden. Ich bin nicht bereit, diese Situation zu ertragen und den Klagen brünstiger Männer zuzuhören. Ich habe meine eigenen Probleme, und selbst wenn es keine Schmerzskala gibt, ist es mehr, als ich ertragen kann. Das Gespräch nimmt eine gefährliche Wendung und wird nun für meinen Geschmack viel zu persönlich. Ich werde gerade seine »Sextherapeutin«. Dieser Kerl zwingt mich zu denken, und das dürfte mit dem Freudenmädchen Laura nicht kompatibel sein. All das freut mich ehrlich gesagt überhaupt nicht.

Je länger wir essen, umso mehr erfahre ich über sein Leben, ich versinke buchstäblich in seinem Alltag. Das Schlimmste ist, dass ich diesen Typen unter anderen Umständen bestimmt ganz nett gefunden hätte. In einem anderen Kontext hätte ich ihn wahrscheinlich getröstet, aber so: keine Chance. Da ich seine Klagen nicht mehr aushalte, unterbreche ich ihn.

»Okay, sag schon, hast du sexuellen Notstand?«

Er zuckt zusammen. Ich mache ihm Angst, und mir mache ich auch Angst. So viel Vulgäres und Provokantes! Aber ich kann nicht anders. Da es mir auf den Geist geht, wie dieser Typ immer um den heißen Brei redet, habe ich beschlossen, selbst die Initiative zu ergreifen, damit dieser Abend ein Ende findet.

»Äh ... ja«, sagt er schnell und wirkt erleichtert, dass der Bann endlich gebrochen ist.

»Also gut, dann ist es Zeit zu gehen, oder?«

Ich sehe, dass ihn die Panik packt.

»Äh ... gehen? Jetzt?«

»Ja, jetzt, genug geredet heute Abend.«

Ich habe die Nase voll von diesem endlosen Gequatsche. Dieser Typ hat mich schließlich wegen einer »Massage« kontaktiert, und stattdessen sitzen wir in einem schäbigen Restaurant und reden über sein sinnloses Leben. Ich will dieser Farce so schnell wie möglich ein Ende setzen.

»Aber wohin? In ein Hotel?«

»Hast du Geld für ein Hotel?«

»Ach, ich weiß nicht ... ich weiß nicht mehr, ob ich wirklich Lust dazu habe.«

»Natürlich hast du Lust dazu. Du hast doch Kontakt mit mir aufgenommen, weil du Lust dazu hast.«

Für ein paar Sekunden sieht er mich mit einem Dackelblick an. Ich habe sein Ego verletzt, und so klein, wie er sich gerade fühlt, tut er sich schwer, Ja zu sagen. Es kommt aber gar nicht in Frage, dass ich nach einem solchen Abend ohne mein Geld nach Hause gehe. Kurz darauf sagt er schnell, als wollte er es nicht wiederholen müssen: »Ich kenne hier ganz in der Nähe einen Parkplatz ...«

Ruckzuck hat er die Rechnung bezahlt. Er hat mich in seinen Wagen steigen lassen, und ohne ein Wort sind wir zu besagtem Parkplatz eines Supermarkts gefahren. Es ist eine sehr dunkle Nacht, und es ist schwer, irgendetwas zu erkennen. Ich fühle mich geschützt, denn niemand wird uns sehen.

Trotz der Selbstsicherheit, mit der sich Julien beim Verlassen des Restaurants gewappnet hat, spüre ich nun wieder, als er den Motor ausmacht, dass er befangen ist. Wieder reibt er sich nervös die Hände und versucht sich abzulenken, indem er an den Knöpfen seines Autos rumfummelt. Er fürchtet, es könnte uns jemand sehen, und ich muss gestehen, auch ich habe diese Angst.

»Ist dir kalt?«, fragt er mich.

Es ist tiefster Winter, und tatsächlich, die Kälte der Nacht kriecht in uns hinein. Die Situation ist unheimlich: In einem Auto auf diesem Parkplatz vergewissern wir uns beide, dass uns niemand beim Vögeln zusehen kann.

»Ja, ein bisschen.«

»Gut, ich mache die Heizung an.«

Ohne um Erlaubnis zu fragen, zünde ich mir eine Zigarette an. Er dreht die Heizung auf, und während die Wärme ins Wageninnere bläst, reibt er sich weiter die Hände. Angesichts seiner Unentschlossenheit wage ich mich vor. Ich lege die Hand auf seine Jeans, in Schritthöhe. Er hat keine Erektion. Auf der Suche nach einer Erklärung, die ich schon kenne, schaue ich ihn an. Ohne diesen verlegenen Blick lassen zu können, sagt er: »Ich bin ... äh ... ziemlich gestresst ...«

Um zu verhindern, dass er wieder zu reden anfängt, reibe ich kräftiger über seine Jeans. Ohne Wirkung. Gute fünf Minuten mache ich das. Ich bin davon überzeugt, dass er, wenn er nicht bekommt, was er will, dieses Treffen abbrechen und mich nicht bezahlen wird. Nachdem ich diesen ganzen Abend psychisch durchlitten habe, kann ich nicht ohne Entlohnung gehen. Betreten, dass er keinerlei körperliche Reaktion hat, stammelt er ängstlich: »Wenn du dich vielleicht ganz ausziehst ...«

Erste Annäherung! Diese unerwartete Aufforderung überrascht mich: Sie entspricht überhaupt nicht dem Ton seiner Stimme, seinem Wesen. Dennoch ziehe ich mich in diesem Auto, irgendwo mitten auf einem Parkplatz, ganz aus. In diesem Augenblick fürchte ich nur eins: dass uns jemand entdeckt. Ganz offensichtlich hat Julien dieselben Befürchtungen wie ich.

Nachdem er ein paar Minuten meinen nackten Körper betrachtet hat, erlaubt er sich, ihn zu berühren. Wieder lege ich meine Hand auf seine Jeans. Nichts. Zuerst berührt er meine Brüste und knetet sie sorgfältig. Ganz eindeutig wagt er es nicht, mich weiter unten zu streicheln, und konzentriert sich lieber auf meinen Oberkörper. Meine Handarbeit scheint keine Reaktion hervorzurufen. Sichtlich verzweifelt sagt er nach einigen Minuten:

»Könntest du vielleicht ...«

Ich verstehe sofort, was er will. Dafür braucht man kein Prostituierten-Abi.

Ich knöpfe seine Hose auf und lutsche seinen Schwanz. Allmählich spüre ich, wie die Erregung in ihm aufsteigt. In null Komma nichts zieht er seine Jeans aus und kippt den Beifahrersitz nach hinten. Einen Moment lang legt er sich auf mich, zieht ein Präservativ hervor, und wenige Sekunden später dringt er in mich ein.

Ich kann nicht erklären, was ich in diesem Augenblick fühle. Sicherlich Ekel. Mein Kopf ist woanders, ich spüre nichts mehr. Julien ist »er« geworden, ein unpersönlicher »er«. Der erste »er«. Das ist zu viel, ich kann ihn nicht in mir ertragen, ich will ihn nicht in mir. Alles verschwimmt, ich schließe die Augen. Ich fühle mich schon so schmutzig. Aus lauter Abscheu presse ich die Zähne aufeinander. Ich empfinde eine unendliche Leere. In Gedanken sage ich mir immer wieder: »Jetzt ist es soweit, du bist eine Prostituierte, du gibst deinen Körper ganz dem Geschlecht eines Unbekannten hin.«

Ich spiele nicht mehr die Pfiffige. Keine Provokation mehr, kein Hohn. Im Endeffekt hat er gewonnen, er hat bekommen, was er wollte. Ich muss an das Geld denken, ich darf nicht mein Ziel aus den Augen verlieren, aber der Moment ist zu heftig. Ich bin nicht ich selbst, noch nie habe ich mich so weit von mir entfernt gefühlt. Ich habe keine Tränen mehr, die ich weinen könnte, nur Schwindelgefühle, die meinen Lebensüberdruss ausdrücken, Rechnungen, die sich auftürmen und mich zwingen zu begreifen, warum ich das tue. Manu, wo bist du? Wie bin ich hier hineingeraten? Ich will nicht, dass er mich noch einmal berührt, warum muss ich das aushalten? Ich beiße die Zähne aufeinander über die Ungerechtigkeit meiner Situation, sonst würde ich brüllen. »Es ist bald vorbei, Laura, mach die Augen nicht auf, es ist bald vorbei.«

Er ist fertig. Er ist gekommen, und sein Bewusstsein gewinnt jetzt wieder die Oberhand über die Libido.

»Äh... Laura... wir fahren besser.«

Ich sehe ihn nicht an. Ich weine beinahe vor Freude, dass es gleich vorüber ist.

»Ich zahle dir die zwei Stunden, keine Sorge. Ich gebe dir 140 Euro.«

»Ja, okay.«

Dem Geld haftet derselbe Geruch an wie dem, das Joe mir gegeben hat: Es ist schnell verdient und tabu. Absolut nicht leicht.

»Ich fahre dich nach Hause, einverstanden?«

Ich nicke. Schweigend fahren wir los. Ich bin unfähig, auch nur ein Wort zu sagen.

Weit vor meinem Haus, bitte ich ihn anzuhalten. Wir geben uns rasch und ziemlich befangen ein Küsschen auf die Wange.

»Auf Wiedersehen.«

»Auf Wiedersehen, Laura. Alles Gute.«

Ich steige aus dem Wagen, ohne noch irgendetwas zu sagen. Er fährt sofort weiter.

Ja, gute Wünsche, die brauche ich. Nicht nur um meinen Makel zu akzeptieren, sondern auch den Gedanken, dass ich bereits süchtig bin nach diesem Geld, das mir so rasch in die Hände fällt.

Schnellen Schrittes gehe ich durch die dunkle, eiskalte Nacht nach Hause. Während Julien noch zu seiner Frau fährt, die ihn im Warmen erwartet, schlafe ich allein in meinem Bett ein. Ich friere.

Kapitel 12

Der Anschein

24. Dezember 2006

Auf dem Tisch, den meine Mutter festlich gedeckt hat, stehen verschiedenartigste Gerichte, eines köstlicher als das andere. Und wie immer seit nunmehr drei Monaten habe ich einen Bärenhunger. Heute Abend sitzen wir zu fünft am Tisch. Mein Vater hat einen Freund mitgebracht, dem er einen einsamen Weihnachtsabend ersparen will. Ich bin immer gerührt, wenn mein Vater so etwas macht, aber ich kann nicht verstehen, dass er nicht auch mit mir so aufmerksam umgeht.

Die Anwesenheit dieses Freundes belebt den Abend, und alle unterhalten sich fröhlich. Alle, nur ich nicht. Ich bin nicht in Feierstimmung, ich schaffe es nicht. Diese aufeinanderfolgenden Feiertage sind für mich eigentlich ein Danaergeschenk. Wegen der Teilprüfungen Anfang Januar muss ich pauken wie verrückt. Außerdem arbeite ich während dieser zwei Ferienwochen – unterbezahlt – in der Telemarketing-Firma weiter, ich kann es mir nicht leisten, Tage ausfallen zu lassen. Ich muss Geld verdienen. Aber wenn ich nicht arbeite, drehe ich zu Hause am Rädchen. Diese Tage nicht zur Universität zu gehen, bringt mich aus dem Gleichgewicht. Das Studium ist meine Zuflucht, dort entkomme ich dem Grübeln. Zur Uni zu gehen ermöglicht mir, meinem

Zuhause zu entfliehen und ein Minimum an sozialem Kontakt zu haben. Meine Freundinnen sehe ich seit September so gut wie gar nicht mehr. Meine Zeit teilt sich auf zwischen der Uni und dem Telemarketing. Die restliche Zeit widme ich ganz dem Lernen, dem Lesen für die Uni.

Dieses Familientreffen ist eine Farce. Mein Vater spielt den perfekten Gastgeber und legt seinem Freund demonstrativ ein weiteres Mal auf. Selbst mir liest er jeden Wunsch von den Augen ab, er möchte das Bild des perfekten, aufmerksamen Vaters abgeben. Ich höre meinen Vater reden, das tut er nie, wenn wir vier unter uns sind. Mein Vater ist ein Magier, vor Publikum verwandelt er sich und setzt eine Maske auf.

Bei mir zieht das nicht. In den Jahren zuvor hätte ich dieses Spielchen hingenommen, selbst wenn ich wusste, dass er am nächsten Tag kein Wort an mich richten würde. Ich hätte die Gelegenheit genutzt, ihn zu umarmen. Ich hätte hingenommen, dass man uns für innig verbunden gehalten hätte, ganz einfach, weil ich mich wahnsinnig danach sehne. Doch in diesem Jahr ist es anders. Ich halte es nicht mehr aus, um seine Liebe zu betteln, ich ertrage es nicht mehr, von ihm ignoriert zu werden. Hätte er wirklich ein Auge auf mich, wäre ihm schon längst aufgefallen, dass ich mich wie eine Irre abrackere, dass ich seit September über zwölf Kilo abgenommen habe, dass ich mich totarbeite und leide, dass es jeden Tag zum Weinen ist. Wenn er sich die Zeit nähme, sich mit mir zu befassen, verstünde er vielleicht, was ich tun muss, um zu Geld zu kommen.

Ich stelle mir zu viele Fragen, um den Abend wirklich genießen zu können. Ich durchkreuze den Plan meines

Vaters: Unser Gast erkennt sehr gut, dass ich keine Lust habe, mich hervorzutun. Die missbilligenden väterlichen Blicke sind mir völlig schnuppe. Ich spiele diese Komödie nicht mehr mit. Meine Mutter bemüht sich, so gut es geht, diese Momente des Schweigens zu überbrücken. Bestimmt hat sie Angst, dass ich eine unverschämte oder verletzende Bemerkung mache. Mein Vater verlässt sich darauf, dass meine Schwester für das Gespräch sorgt. Er stellt ihr in so rascher Folge eine Unmenge von Fragen übers Gymnasium und ihre Freunde, dass sie kaum Luft holen kann. Doch die Situation gefällt ihr, sie hat das Gefühl, dass man ihr wirklich einmal zuhört.

Nach einem unglaublich üppigen Mahl ist der Augenblick gekommen, die Geschenke auszupacken. Meine Mutter liebt Weihnachten und legt großen Wert darauf, dass die Tradition gewahrt bleibt. Sie hat eine große Tanne im Wohnzimmer aufgestellt und die Geschenke daruntergelegt. Wie jedes Jahr hat sie auch die vollständige Krippe aufgebaut. Niemand ist gläubig in meiner Familie, nicht einmal sie, aber sie liebt die weihnachtliche Inszenierung. Ich weiß, dass sie es bedauert, uns nicht ein fantastisches Weihnachten mit tausend Geschenken bieten zu können. Als müsste sie dafür um Verzeihung bitten, wendet sie viel Energie für die Dekoration auf. Ich liebe meine Mutter und bin gerührt über die Mühe, die sie sich gibt, damit wir glücklich sind, und das nicht nur an Weihnachten, sondern das ganze Jahr über. Sie ist eine totale Glucke, auch wenn sie mit uns immer wie mit Erwachsenen gesprochen hat. Und sie hat Erfolg: Als ich diese Krippe mit den Figürchen und die glitzernde Tanne sehe, bin ich froh, den heutigen Abend mit ihr zu verbringen.

Weihnachten gibt es keine Berge von Geschenken für

uns, wir sind seit jeher daran gewöhnt, nur ein einziges zu bekommen. Mama schafft es immer, etwas für uns zu finden, das von besonderer Bedeutung ist, um uns vergessen zu lassen, dass wir nur eines erhalten. Meine Schwester und ich messen all dem keine wirkliche Bedeutung mehr zu, obwohl wir als kleine Kinder irre neidisch waren, wenn unsere Schulfreundinnen ihre Geschenke, die direkt aus Tausendundeiner Nacht zu stammen schienen, stolz zur Schau trugen. Mit der Zeit sage ich mir, es war eine normale Reaktion.

Mehr noch als in den Jahren zuvor, erwarte ich in diesem Jahr nichts Spezielles. Da ich das Gefühl habe, alles zu brauchen, habe ich mir nichts Besonderes gewünscht. Aber »alles« ist unerreichbar, utopisch für meine Eltern.

Ich öffne also das für mich bestimmte Geschenk. Langsam reiße ich das apfelgrüne Papier auf und entdecke schwarze Pumps. Ich hatte sie Pfingsten mit meiner Mutter in einem Geschäft gesehen und ihr gesagt, dass sie mir gefielen. Ich hätte nie gedacht, dass sie dorthin zurückkehrt und sie kauft. Ich schließe meine Mutter ganz fest in die Arme, um ihr zu danken. Obwohl ich weiß, dass mein Vater mit der Wahl des Geschenks nichts zu tun hat, danke ich auch ihm von Weitem. Wir umarmen uns nicht, wir drücken uns nicht.

Ich denke an Manu. Ich habe nichts mehr von ihm gehört, seit wir uns getrennt haben. Meine Eltern waren erleichtert, als sie erfuhren, dass wir nicht mehr zusammenwohnen, sie haben ihn nie richtig gemocht, sie fanden ihn versnobt. Ich glaube, in den Augen meiner Mutter wird nie einer gut genug sein für meine Schwester und mich.

Wenn sie wüsste... Sie hätte Manu bestimmt noch mehr verabscheut. Anfangs hätte sie tagelang geweint.

Dann wäre ihre Traurigkeit in Wut umgeschlagen, und sie hätte einen Schuldigen gesucht. Zuallererst hätte sie sich selbst Vorwürfe gemacht und dann Manu. Hätte sie erfahren, was er mich alles ohne große Gegenleistung bezahlen ließ, hätte sie zweifellos ihn für meine Prostitution verantwortlich gemacht. Sie wäre in irrsinnigen Zorn geraten. Sie hätte nach Antworten gesucht, ohne dass sie welche gefunden hätte. Mit der Zeit wäre all das nur noch wie ein schlechter Traum gewesen, und sie hätte mir geholfen zu vergessen. Aber sie hätte den Rest ihres Lebens mit dieser Verletzung leben müssen und sich immer Vorwürfe gemacht. Nein, sie darf es nie erfahren.

Der Abend verläuft ruhig, ohne Gebrüll und Auseinandersetzungen. Schon bald will ich mich in mein Zimmer zurückziehen. Ich möchte am nächsten Morgen früh aufstehen, um zu lernen. Am Nachmittag werde ich in den Zug steigen, denn ab dem 26. arbeite ich wieder in der Telemarketing-Firma. Keine Zeit durchzuatmen, doch das wird sich eines Tages auszahlen, das kann sich nur auszahlen.

Ich winke allen zu und will rasch zu Bett gehen. Als ich in meinem Zimmer bin, beuge ich mich über einen spanischen Text. Ich kann nicht anders, sobald ich eine freie Minute habe, lerne ich. Ich weiß, dass ich meine Prüfungen problemlos bestehen werde, ich habe viel zu viel dafür gearbeitet. Doch ich kann nicht anders, ich bin einfach eine Perfektionistin, immer muss alles perfekt sein. Und außerdem verhindert das Arbeiten, dass ich an etwas anderes denke.

Am nächsten Tage sitze ich im Zug nach V. Und wie immer habe ich über die zwei Tage, die ich bei meinen Eltern verbracht habe, nicht viel zu erzählen.

Kapitel 13

Beklemmung

7. Januar 2007

Meine Erfahrung mit Julien hat mich leider nicht zur Vernunft gebracht. Sie hat eine völlig entgegengesetzte Wirkung gehabt. Immer wieder finde ich eine Fülle neuer Anzeigen im Internet, und manchmal meine ich, die ganze Welt ist voller unzufriedener Menschen, die niemals genug bekommen. Doch ich verachte sie nicht, denn diese Unbekannten helfen mir, eine Zeit lang meine Finanzprobleme zu lösen.

Ich nehme Kontakt mit einem älteren Mann auf, ganz bestimmt aus Angst, wieder auf so einen unentschlossenen armen Schlucker wie Julien zu stoßen. Dieses Mal heißt der Typ Pierre. Alles, was ich von ihm weiß, ist sein Beruf: Geschäftsmann in einem angesehenen Unternehmen. Dieser Punkt hat mir Vertrauen eingeflößt, denn das lässt auf einen wirklich beruhigenden finanziellen Hintergrund schließen. Die Entscheidung ist schon hart genug, und dieses Milieu ist ein echtes russisches Roulette. Umso mehr sollte man weitestgehend sicher sein können, bezahlt zu werden. Wir haben uns für den frühen Nachmittag auf dem großen Platz im Zentrum verabredet. Er zieht ein Treffen in der Stadt vor, wir wollen dann zu ihm gehen, wo wir, so hat er es formuliert, »unsere Ruhe haben«. Dem habe ich erst ein Nein entgegengesetzt: Es komme für mich nicht infrage, zu jemandem zu gehen, den ich nicht kenne und wo mir alles Mögliche zustoßen könnte. Doch nach einigem Überlegen hat er mich überzeugt: Wir wären nicht irgendwelchen Blicken ausgesetzt, denn seine Wohnung sei leer. Auch er lege Wert darauf, anonym zu bleiben, er wolle nicht Gefahr laufen, in irgendeinem Hotel der Stadt womöglich auf Bekannte zu stoßen. Unsere letzte Mail schloss also damit, dass er mich diskret abholen werde und wir dann in seinem Wagen zu ihm fahren. Ich sage mir, dass ich bei dieser persönlichen Begegnung wohl werde abschätzen können, ob ich ihm vertrauen kann. Ich wäge die Gefahr ab, in die ich mich begebe, wenn ich so handle, aber ich brauche das Geld. Ich will jetzt immer mehr.

Zur verabredeten Zeit gehe ich in Richtung dieses besagten Platzes im Zentrum von V. Ich habe eines meiner Lieblingskleider angezogen: grau, an den Schultern ein wenig gebauscht. Es betont meine Taille und bringt meine Beine, die in topmodischen Stiefeln stecken, gut zur Geltung. In bin sehr elegant in diesem Aufzug, dessen Wirkung auf Männer mir bewusst ist. Er gibt mir das Aussehen einer Kindfrau, die Blicke auf sich zieht. Ich habe diese Sachen durchaus mit Hintergedanken gewählt: Je schöner ich bin, desto besser wird er mich bezahlen. Und außerdem ist heute ein schöner, sehr sonniger Wintertag. Ich bin gut gelaunt aufgewacht und hatte einfach Lust, mich hübsch zu machen. Für mich, nicht für ihn. Unterwegs merke ich schon, wie mich die Männer anstarren und wortlos bewundern. Ja, heute weiß ich, dass ich gut aussehe.

Von Ferne sehe ich Marktstände und Menschentrauben um die dargebotenen Lebensmittel. Das habe ich völlig vergessen! Heute findet auf dem großen Platz ein Markt statt, wo Bauern der Region ihre Produkte an neugierige Touristen verkaufen. Das ist gut und schlecht zugleich: Bei so vielen Menschen kann ich leicht in der Menge untertauchen. Aber ich riskiere auch, Bekannte zu treffen, und dieser Gedanke verwandelt sich sekundenschnell in große Angst.

Ich beschließe, mich ein wenig am Rande des Getümmels zu halten, um den Mann namens Pierre rasch ausfindig zu machen und mit ihm schleunigst von hier zu verschwinden. Er hat mir gesagt, er trage einen schwarzen Anzug und einen roten Schal, etwas, das auffällt, aber auch der Witterung entspricht.

Nach fünf Minuten, in denen ich die Passanten mustere, werde ich ungeduldig. Ich fühle mich unbehaglich, verschränke die Arme. Ich bin davon überzeugt, dass die Leute um mich herum mein sonderbares Verhalten bemerken, was mir noch größere Paranoia einjagt.

Plötzlich höre ich, wie hinter mir jemand meinen Namen ruft, jemand, dessen Stimme mir mehr als vertraut ist. Ich erkenne sie sofort, und mir gefriert das Blut.

»Laura! Laura!«

Ich gestehe, dass ich daran gedacht habe, mich nicht umzudrehen und feige wegzulaufen. Stattdessen drehe ich langsam und mit einer scheinbar natürlichen Bewegung den Kopf.

»Mama? Aber was machst du denn hier?«

Bei dem Versuch, meine Panik zu unterdrücken, gerate ich ins Stammeln.

Meine Mutter. Hier auf dem Platz im Zentrum. Während ich auf einen Kunden warte, der dafür bezahlen wird, dass ich ihm erlaube, mich zu besitzen. Ich bin wie versteinert, wie ein Kind, das man vor dem Essen mit den Fingern in der Marmelade erwischt hat. Ich stottere und weiß, wenn ich nicht gleich etwas Vernünftiges sage, wird meine Mutter Verdacht schöpfen und verstehen, dass irgendetwas nicht stimmt.

»Du weißt doch, dass die Familie aus Nantes uns heute besucht? Erinnerst du dich? Wir dachten, es wäre nett, mit ihnen zusammen hierherzufahren und ihnen ein bisschen von V. zu zeigen.«

Ah ja, supernett, ja wirklich. Hinter ihr stehen mein Vater und die besagten Vertreter dessen, was sie als »Familie« bezeichnet hat. Ich habe diesen Punkt völlig vergessen: den Markt, meine Familie, die an diesem Wochenende da ist, und meine Eltern, die erwägen, zu diesem verdammten Markt zu kommen. Schönes Bild: meine Mutter, mein Vater, mein Onkel, meine Tante und zwei, drei Unbekannte, die ich höchstens dreimal in meinem Leben gesehen habe, die aber etwas mit meiner Abstammung zu tun haben. Ich sitze in der Klemme, ich muss mir unbedingt sofort etwas einfallen lassen. Ich bemühe mich, nicht nach dem unbekannten Pierre Ausschau zu halten, doch unweigerlich werfe ich flüchtige Blicke nach rechts und links.

Meine Mutter muss merken, dass ich ihr nicht richtig zuhöre, aber sie kann sich absolut nicht vorstellen, was der Grund dafür ist. Völlig begeistert über dieses unvermutete Zusammentreffen zeigt sie unserer Familie, die hinter ihr steht, ihre Freude. Ich befürchte, ein Mann im Anzug mit einem roten Schal könnte sich umdrehen und mich ansprechen, wenn jemand meinen Namen zu laut ruft.

»Hey, seht mal, wer hier ist! Es ist Laura!«

»Ach, aber das ist ja Laura! So eine schöne Überraschung! Hast du dich verändert! Eine richtige Frau! Bist du unseretwegen hier?«, ruft meine Tante begeistert.

Ich liebe meine Tante sehr, auch wenn ich sie nur sehr selten sehe, aber heute ist sie mir schnurzegal. Wider Willen stehe ich hier auf diesem öffentlichen Platz inmitten eines großen Familientreffens, während ich, die Prostituierte, auf einen Freier warte. Welch eine Idee aber auch, sich hier mitten am Nachmittag zu verabreden! Es war blöd von mir, aber zum Lamentieren ist es zu spät, ich muss so schnell wie möglich raus aus dieser Situation.

Plötzlich sehe ich in der Menschenmenge einen roten Schal im Wind flattern. Der Mann, der ihn anhat, kehrt mir den Rücken zu und geht zur Mitte des Platzes. Auch er wird wohl am Rand auf mich gewartet haben, und da er mich nicht kommen sah, wollte er sich nun vergewissern, dass er nicht reingelegt worden ist. Um die fünfzig, er hat tatsächlich einen Anzug an, eine sehr elegante Erscheinung. Binnen einer Sekunde weiß ich, es handelt sich um meinen Mann.

Meine Tante, die noch immer auf meine Antwort wartet, reißt mich aus meiner Schreckensstarre.

»Was ist, Laura? Träumst du?«

Sie und meine Mutter drehen sich um, weil sie sehen wollen, was ich da wohl so intensiv angucke. Zum Glück ist Pierre, der Geschäftsmann, in der Menge verschwunden.

»Äh ... ja, tut mir leid, ja, ein bisschen«, sage ich mit einem Lächeln, um ihren forschenden Blicken ein Ende zu setzen. »Ich warte schon eine Weile auf Freunde und dachte, ich hätte sie gesehen, aber ich habe mich geirrt.«

Plötzlich ziehe ich meine Mutter und meine Tante am Arm in die entgegengesetzte Richtung, weg von dem

Ort, wo der Mann sich befindet. Als wären wir drei gute Freundinnen. Ich sehe, dass mein Vater und die übrige Familie, die ins Gespräch vertieft sind, uns folgen.

»Ach ja, natürlich, die Kleine hat keine Zeit, das ist normal in ihrem Alter! Wir halten dich nicht länger auf, Laura, Süße. Wir gehen weiter einkaufen! Weißt du, wie großartig diese Stadt ist?«

Ihr Redefluss ist nicht zu bremsen. Meine Tante ist eine richtige Quasselstrippe. Mein alter Geschäftsmann hat wohl das Weite gesucht. Der Gedanke, wegen eines unglücklichen Zusammentreffens mit meiner Familie Geld zu verlieren, quält mich. Zwei völlig unterschiedliche Welten, die sich niemals begegnen dürfen, haben einander heute zufällig gestreift. Aber ich brauche dieses Geld, um mich über Wasser zu halten. Mir ist bewusst, dass ich mit dem Feuer spiele, aber eine Stimme in mir sagt mir immer wieder, du kannst nichts anderes tun.

Unwillkürlich schwenken meine Blicke wieder unruhig hin und her. Meine Tante achtet nicht darauf, aber meine Mutter hat meine Ungeduld bemerkt.

»Kommt, wir machen uns auf den Weg. Hab einen schönen Nachmittag mit deinen Freundinnen, Liebling. Wenn du willst, kommst du heute Abend nach Hause und isst mit uns. Wir können dich nach unseren Einkäufen abholen, du verbringst den Abend mit uns, und morgen fährst du mit dem Zug zurück. Ich weiß, das dauert ein bisschen ... Oder hast du vielleicht etwas anderes vor?«

»Ich schau mal, Mama, danke. Ich weiß noch nicht genau, was ich mache. Ich muss morgen arbeiten, weißt du ...«

Eigentlich arbeite ich jetzt schon. Der Abschied von

meiner Familie kommt mir endlos vor. Meine Tante drückt mich lange an sich und murmelt dabei, sie hoffe, mich an diesem Abend zu sehen, ich sei sehr hübsch und blabla... Mein Vater hingegen winkt mir nur kurz zu, ohne mich wirklich zu beachten. Riecht er das Laster und die Sünde auf meiner Haut?

Ich schlendere davon, als wäre nichts, doch meine Gedanken überschlagen sich. Diskret halte ich nach meinem Kunden Ausschau, ich weiß, dass meine Mutter mir noch hinterhersieht. Ich halte mir die Daumen, dass er sich wegen meiner krassen Verspätung nicht aus dem Staub gemacht hat.

Ich suche nach einem roten Schal und entdecke ihn plötzlich am anderen Ende des Platzes. Es ist mir so gut gelungen, meine Familie von ihm wegzulotsen, dass er sich nun auf der ganz anderen Seite befindet. Wieder muss ich diskret sein. Ich bin entschlossen, heute dieses Geld zu bekommen. Das Zusammentreffen mit meinen Eltern war wie eine kalte Dusche, doch ich habe keine Zeit, daran zu denken, keine Zeit nachzudenken.

Als ich endlich meinen Geschäftsmann erreiche, gehe ich langsamer, um nicht aufzufallen. Der Mann erwartet eine Unbekannte, ich habe mich nicht beschrieben, und in diesem Augenblick bedaure ich es auch nicht. Er geht vor mir auf und ab. Ich hefte mich an seine Fersen und gehe rasch an ihm vorbei. Als ich mit ihm gleichauf bin, flüstere ich ihm wie ein Dealer zu: »Ich bin's, Laura, folgen Sie mir. Drehen Sie sich nicht um, und gehen Sie weiter, meine Familie ist hier.«

Ich habe diesen Satz in einem Atemzug gesagt. Ich spüre den Druck der Umgebung, ich möchte dieser beklemmenden Situation schnell entkommen.

Ich merke, wie er hinter mir hergeht, er folgt mir gewissenhaft. Gut fünf Minuten setze ich meinen Fußmarsch, der einem Leichtathletikmeister zur Ehre gereicht hätte, fort, ohne mich auch nur einmal umzusehen. Als ich endlich sicher bin, dass wir außer Sichtweite sind, bleibe ich auf einer menschenleeren Straße stehen, um wieder zu Atem zu kommen.

Jetzt sehe ich ihn an. Er ist ziemlich groß, gar nicht schlecht in seiner Art. In seinem schicken Anzug wirkt er wie eine alternde James-Bond-Imitation. Was das Niveau betrifft, nicht schlecht, aber vermutlich nicht der Schnellste. Jetzt, da ich seinen Körper aus der Nähe sehe, gebe ich ihm mehr als fünfzig Jahre. Doch sein Anzug steht ihm wirklich gut. Aber als ich sein Gesicht betrachte, überkommt mich Enttäuschung. Seine Augen sind wässrig blau, was an sich ziemlich verführerisch ist, aber sie strahlen keine Energie aus. Der Typ macht den Eindruck, als habe er zehn Jahre hinter sich, die an seinen Kräften gezehrt haben, als sei er völlig erschöpft.

Er, der galante Geschäftsmann, und ich, die junge scharfe Studentin, wir sind ein schönes Paar: ein Vater mit seiner Tochter, die er gut erzogen und der er beigebracht hat, sich elegant zu kleiden. Sicher nicht eine neunzehnjährige Prostituierte mit ihrem Freier.

»Hallo, Laura. Welch ein Gewaltmarsch!«

Er spricht so langsam, dass ich das Ende seines kurzen Satzes kaum erwarten kann.

»Hallo. Pierre, nicht wahr?«

»Ja, richtig. Was hältst du davon, wenn wir uns kurz in eine Bar setzen, um uns von dieser Aufregung zu erholen? Und anschließend machen wir uns auf den Weg.«

Eine Loungebar an der Straßenecke bietet uns Zuflucht.

Zuerst einmal, weil wir beide nicht weiter durch die Straßen hasten wollen, und auch, weil ich mich rasch vor der Öffentlichkeit verbergen möchte. Ich bin heute schon genug gesehen worden. Wir setzen uns an einen hinteren Tisch.

Nachdem wir bestellt haben, macht sich einige Minuten lang Schweigen breit, sodass ich Gelegenheit habe, die Bar genauer in Augenschein zu nehmen. Die Kellner passen zu diesem Ort: gut aussehend, sehr auf Draht. Dennoch starren sie uns merkwürdig an und flüstern sich etwas zu. Ich runzle die Stirn, als einer von ihnen uns die Getränke bringt und auf mein »danke« und auf mein Lächeln nicht reagiert. Blitzschnell ahne ich den Grund für diese Frostigkeit. Trotz unserer kunstvollen Verkleidung hat das Bürschchen begriffen, dass wir nicht Vater und Tochter sind. Ich vermute, dass er über mich herzieht, als er wieder hinter der Bar steht und den Kaffee für andere, gediegenere Gäste zubereitet. »Hör mal, ich bin ganz sicher! Sie ist eine Nutte, und er ist entweder ihr Zuhälter oder ein Freier! Das springt doch ins Auge!«

Springt es wirklich so ins Auge? Pierre scheint nichts bemerkt zu haben, und ich wage nicht, ihn darauf anzusprechen. Ruhig nimmt er das Gespräch auf.

»Wir trinken unseren Kaffee aus und fahren zu mir?«

Ja, je schneller, desto besser. Mit einem Schluck Kaffee im Mund nicke ich. Nach nur wenigen Minuten mit ihm bin ich mir ganz sicher, dass er zu weich ist, um mir irgendetwas anzutun. Dennoch bleibe ich auf der Hut, stille Wasser gründen tief, heißt schließlich das Sprichwort.

»Da sind wir ungestörter als im Hotel, bei mir zu Hause ist gerade niemand. Es wird dir gefallen, es ist schön da. Ich bin Eigentümer ...«

Nach der Erfahrung mit Julien ist es vollkommen ausgeschlossen, dass ich mich noch einmal auf ein privates Gespräch einlasse. Ich will nichts über sein Leben wissen und gebe ihm das unmittelbar zu verstehen. Das ist einer der Gründe, warum ich mit Kunden nicht ins Café gehen mag: Es führt zu einer Vertraulichkeit, die ich mir nicht erlauben will. Ich wäre kein gutes Escortgirl.

Fünf Minuten später treten wir auf die Straße und gehen zu seinem Wagen. Während er am Steuer seines Luxusautos den Formel-eins-Fahrer spielt, träume ich von dem Ort, an den er mich bringt: ein schönes großes Haus mit einem großen Garten, in einem entfernten Vorort, ohne Nachbarn rundum. Eines Tages werde ich das auch haben.

Da Pierre schweigt, habe ich Zeit genug, wieder panisch zu werden und mir die möglichen Konsequenzen meines Handelns zu überlegen. Schließlich weiß ich nicht, wo es hingeht und was mir widerfahren wird. Dieses Mal gehe ich Risiken ein: Wer weiß, vielleicht entpuppt sich der Gentleman, der langsamer spricht als sein Schatten, plötzlich als Kokainschnupfer auf Entzug, der, kaum hat er seine Dosis intus, über mich herfällt. Hmm, wenn ich ihn so sehe, wie er sich an einer leeren Kreuzung ewig vergewissert, ob er losfahren kann, bezweifle ich es doch eher.

Als er nach nur einer Viertelstunde anhält, stehen wir vor riesigen Luxus-Apartmenthäusern eines angesehenen Viertels der Stadt. Diese modernen Gebäude umrahmen und begrenzen den Stadtkern von V. Oben muss man eine großartige Aussicht haben. Pierre steigt aus dem Wagen. Seine grenzenlos langsamen Schritte lassen ihn trotz seines dynamischen Äußeren alt wirken. Der Weg bis in seine Wohnung dauert eine Ewigkeit.

Endlich erreichen wir seine Etage. Die prachtvollen Flure sind sauber und leer. Genau wie es die Reichen mögen. Man könnte glauben, man wäre in einem richtigen privaten Stadtpalais. Als wir vor seiner Tür stehen, denke ich, dass uns nun die Prüfung mit dem Schlüssel bevorsteht. Ich habe Lust, ihm ihn aus der Hand zu reißen und ihn selbst im Schloss zu drehen. Ich bin genervt und merke, dass mir die Zeit mit ihm sehr lang werden wird.

Zum Glück bin ich bei diesem trostlosen Spektakel einen Moment geistesabwesend, bis wir endlich sein Refugium betreten. Pierre die Schnecke kriecht in der Senkrechten in die Küche, was mir eine Weile Zeit lässt, seine Wohnung zu bewundern. Der Raum, der sich mir zuerst darbietet, ist der Salon: fantastisch groß, in Weiß gehalten, ein richtiges Klischee eines Rapper-Videoclips. Der sonnige Tag bringt seine Luxusmöbel noch besser zur Geltung: insgesamt minimalistisch, die wenigen Dekorationsgegenstände, die seine Regale schmücken, sind afrikanische Elfenbeinfiguren. Geschmackvoll, im Großen und Ganzen sehr geschmackvoll.

Einerseits empfinde ich eine unvermeidliche Bescheidenheit vor dieser Opulenz und andererseits einen sonderbaren Stolz, nicht frei von Erleichterung: Er hat mich nicht angelogen, er verdient gut. Alles, was im Augenblick zählt, ist, dass ich mich nicht in einem Hinterhalt, umgeben von wollüstigen Wüstlingen, befinde.

Mir bleibt keine Zeit, mich über mein Schicksal zu freuen – alles ist relativ –, Pierre kreuzt im Schneckentempo mit einem Tablett auf, auf dem Gläser stehen. Er stellt es auf den niedrigen Wohnzimmertisch und sagt dann zu mir gewandt: »Ich dachte, du möchtest vielleicht eine Kleinigkeit essen, bevor wir ...«

Das Ende des Satzes bleibt in der Schwebe. Aber er und ich kennen den Schluss. Ich werfe einen prüfenden Blick auf den Imbiss. Er hat mir ein Glas Milch gebracht und eine Scheibe Honigkuchen. Scheiße! Dieser Typ hält mich wirklich für ein Kind, er kultiviert die Fantasie der Kindfrau bis ins Kleinste. Mir ist nicht bewusst gewesen, welche Traumwelt ich bei den Kunden auslöse. Oder ist es nur er? Wegen meines kindlichen Kleids? Pierre sieht also das kleine Mädchen in mir; aber ein kleines Mädchen, das er sehr gerne begrapscht. Etwas stimmt nicht an diesem Bild. Schweigend akzeptiere ich den Imbiss und greife bereits nach dem Honigkuchen, um meinen Hunger zu stillen. Ich trinke die Milch.

Pierre steht da und hat auf eine Weise, der jede Natürlichkeit fehlt, eine Hand in die Hüfte gestemmt. Lächelnd schaut er mir zu, wie ich von dem Kuchenstück nasche, als wäre er stolz auf sein Kind, das isst, um groß und stark zu werden. Als ich mir eine Zigarette anzünde, sagt Pierre: »Nein, geraucht wird hier nicht.«

Meine einzige Antwort darauf ist, den Rauch auszustoßen und ihn anzustarren. Es verwirrt ihn, und da er nicht weiß, wie er reagieren soll, konzentriert er sich lieber auf etwas anderes.

»Ein bisschen Musik?«, fragt er rasch.

Mit der Fernbedienung schaltet er die Hi-Fi-Anlage an, die aber nicht bereit zu sein scheint, seinen Befehlen zu gehorchen. Er ärgert sich einige Minuten darüber, um dann kurz entschlossen das Problem selbst in Augenschein zu nehmen. Der Gipfel der Lächerlichkeit: der reiche Geschäftsmann kauft Dinge aus dem einzigen Grund, weil sie teuer sind, weiß aber nicht, mit ihnen umzugehen. Seine Bemühungen, eine sinnliche Atmosphäre herzustellen, sind erschütternd. Alles, was er bis ins Kleinste geplant hat, fällt ins Wasser. Der Typ geht mir auf die Nerven.

Nach einigen Mühen läuft die Musik. Ich erkenne sie sofort. Luz Casal. Diese Sängerin mit der himmlischen Stimme hat meine Kindheit und Jugend erfüllt. Sie ist die Lieblingssängerin meines Vaters. Sie gehört buchstäblich zur Familie: Wir kennen alle ihre Alben, nicht nur die, mit denen sie erst vor Kurzem einem großen Publikum bekannt geworden ist. Ich habe mich nie gefragt, ob mir ihre Musik gefällt oder nicht: Ihre Platten sind zu Hause wie in einer Endlosschleife gelaufen. Sie ist mir in einem Alter präsentiert worden, in dem man sich keine Fragen über den Geschmack seiner Eltern stellt: Man mag, was sie mögen, weil man sie zärtlich liebt. Darum geht mir Luz Casal ganz logisch durch den Kopf, wenn ich an mein Zuhause, an meine Familie denke.

Pierre hätte keine schlechtere Wahl treffen können. Ich habe eine ganz spezielle Beziehung zu dieser Frau, eine unantastbare Beziehung, derer er sich nicht bemächtigen darf. Im Schneidersitz vor seinem niedrigen Tisch, den Mund voll Honigkuchen, bin ich empört, dass er einfach so in die Harmonie, die zwischen Luz Casal und meiner Familie herrscht, eindringt. Einmal mehr – einmal zu viel – hat sich heute mein Privatleben gefährlich mit meinem Leben als Prostituierte vermischt. Mir ist bewusst, dass Pierre nichts dazu kann und er es, da er mich nicht kennt, auch nie hätte erahnen können. Aber dennoch hasse ich ihn jetzt unwillkürlich, nur weil er mich zum Nachdenken gebracht hat.

Meine Augen müssen richtige schwarze Pfeile in seine Richtung ausgesendet haben, denn der Geschäftsmann sieht mich seit einer Weile starr an, als wollte er meine Gedanken durchdringen.

»Ich hasse diese Sängerin. Könntest du bitte diese Musik abstellen?«, sage ich barsch.

Pierre, der überrascht ist, dass ich so plötzlich mein Schweigen breche, führt aus, was mehr wie ein Befehl als eine Bitte klang. Wieder senkt sich Schweigen über uns.

Sicherlich um jedes Gespräch zu vermeiden, kommt er auf mich zu, natürlich ganz langsam. Ich spüre, je näher er mir kommt, umso erregter wird er. Mit jedem Schritt, den er auf mich zu macht, riecht es immer mehr nach Sex. Ich rühre mich nicht, ich kann mich nicht entschließen, ihn von mir aus zu berühren.

Ich beobachte, wie er auf mich zugeht. Als er vor mir steht, befindet sich sein Schritt buchstäblich vor meinen Augen. Er verharrt einige Sekunden in dieser Position, offensichtlich gefällt sie ihm. Er knöpft seine Hose auf und lässt sie an seinen Beinen hinuntergleiten. Mir wird übel. Heute habe ich meine Grenzen erreicht. Ich nehme mir fest vor, ihm nichts zu gewähren. Er kommt zu spät, dummerweise mache ich ihn jetzt verantwortlich für meine Traurigkeit und für meine Prostitution. Dieses Treffen hat sich bis jetzt überhaupt nicht so entwickelt, wie es erforderlich gewesen wäre. Alles an ihm ist falsch. Sogar sein extrem langsamer Lidschlag macht mich rasend.

Schließlich nimmt er mich, die ich unbewegt dasitze, bei der Hand und zieht mich hoch. Als ich vor ihm stehe, merke ich, dass er groß ist: Ich reiche ihm bis zum Mund.

Pierre zieht mir mein Kleid aus. Jetzt stehe ich in Unterwäsche vor ihm, meine Beine in billige Strümpfe gehüllt. Es ist ihm nicht wichtig, ich gefalle ihm, ich merke es an seinem keuchenden Atem. Er zieht mich in sein Schlafzimmer und drückt mich sanft auf sein riesiges Bett. Während ich ausgestreckt daliege, zieht er sich sein Hemd aus. Er beugt sich zu mir und dreht mich mit einer Bewegung auf den Bauch. Ich lasse es geschehen, als wäre ich eine dieser aufblasbaren Puppen.

»Ich mache dir eine Massage. Magst du das?«

»Hmm ... ja ja ...!

Pierre legt sich auf mich. Ich breche unter seinem Gewicht fast zusammen. Ich befreie mich, indem ich meinen Hintern nach oben schnellen lasse, sodass er einen Satz macht. Befreit kann ich wieder normal atmen. Dann legt er sich längs neben mich und fängt an, mich zu streicheln. Er hat mir meinen BH gelassen, vermutlich, weil er nicht weiß, wie er ihn öffnen soll. Am liebsten wäre ich davongerannt. Ein Dilemma tut sich in meinen Gedanken auf: Vielleicht muss ich letztendlich gehen, wenn ich ihn nicht riechen kann. Ein Blick auf seinen Radiowecker zeigt mir, dass noch knapp zwanzig Minuten verbleiben. Die Verlockung des Geldes lässt mich meine Entscheidung fällen. Für die Kohle, die ich mir meines Erachtens verdient habe, bin ich bereit zu bleiben.

Seine Hände wandern über meinen Körper, in der Geschwindigkeit, die zu erwarten war, ohne Überraschung, zu langsam, als dass ich nicht die Zeit vergehen sehe. Ich liege völlig starr da: Wenn jetzt jemand den Raum beträte, könnte er meinen, ich wäre tot.

Genau achtzehn Minuten lang reibt er sich an mir, ohne etwas anders zu probieren. Meine schweigsame Zurückhaltung muss zu bedrohlich auf ihn wirken, als dass er sich vorwagen würde. Er spricht kein einziges Wort, begnügt sich mit dem Hautkontakt. Ich schließe die Augen, das ist das Beste, was ich tun kann. Als der Wecker mit seinem roten Licht endlich die rettende Uhrzeit anzeigt, springe ich wortlos aus dem Bett. Pierre erhebt sich brav und seufzt nicht einmal wegen der Eile, mit der ich mich davonmache.

Schweigend gebe ich ihm durch meinen Blick zu verstehen, er möge mir ins Wohnzimmer folgen. Seine väterliche Hand greift ins Portemonnaie, wie ein Papa, der die Güte hat, seiner Tochter ein paar Geldscheine zu geben, damit sie sich mit ihren Freunden amüsieren kann. Er zieht hundertfünfzig Euro heraus, für zwei Stunden. Hübsche Ausbeute für das, was er konsumiert hat – fast nichts. Dennoch bin ich der festen Überzeugung, dass es hart verdientes Geld ist und es mir voll und ganz zusteht.

Selbst wenn ich mir seit dem ersten Moment unserer Begegnung auf dem großen Platz sicher war, so weiß ich jetzt ganz genau, dass ich Pierre nie mehr wiedersehen werde. Ich verbinde ihn jetzt zu sehr mit Gefühlen von Abscheu. Und vor allem mit einem ungelegenen Zusammentreffen mit meinen Eltern. Nüchtern betrachtet, weiß ich, dass dieses Schicksal jeden hätte treffen können, aber meine Gedanken sind eigensinnig und verbinden ihn damit, machen ihn verantwortlich dafür. Seinetwegen bin ich an diesem Mittag auf den Platz in der Innenstadt gegangen, seinetwegen habe ich meine Familie anlügen müssen (zuvor habe ich nur »unterlassen zu erzählen«).

Pierre macht mir den Vorschlag, mich zurückzufahren, doch ich lehne sein Angebot ab: undenkbar, auch nur eine Minute länger in seiner Begleitung zu sein. Und wenn ich zwei Tage zu Fuß gehen müsste, um nach V. zu kommen, ich täte es. Ich stecke das Geld ein, das ich ihm beinahe aus den Händen reiße, und mache mich aus dem Staub. Ich lasse Pierre allein in seinem Luxusschloss, ich gehe, ohne mich noch einmal umzudrehen, und murmle ein unhörbares »auf Wiedersehen«.

»Wir nehmen bald wieder Kontakt auf, Laura, ja?«

»Hmm ... ja.«

Kommt gar nicht in Frage. Aber ich lüge lieber, will jede endlose Erklärung vermeiden und will vor allem, dass er sich nicht über mich aufregt. Ich weiß, dass meine Lüge gedeckt ist: Dieser Typ hat nur meine E-Mail-Adresse und sonst nichts.

Als ich unten vor dem Haus an der frischen Luft bin, bleibe ich einen Augenblick stehen und schaue in den Himmel. Es ist soweit, ich bin vollkommen in den Sog geraten. Ich werde meine Eltern anlügen müssen, wenn sie mich fragen, wie ich den Tag verbracht habe, und ihre Einladung zum Abendessen ablehnen, um nicht dem Blick meines Vaters trotzen zu müssen. Dem Blick desjenigen, der vielleicht alles ahnt, alles weiß.

Ich fühle mich jetzt wie eine richtige Prostituierte. Eine Nutte, ich bin eine Nutte geworden. Denn ich weiß, dass ich es wieder tun werde, dass alle Juliens, Joes und Pierres daran absolut nichts ändern. Ich bin eine Nutte geworden, die von nun an auf das Geld ihrer Freier zählt, um sich am Monatsende keine Sorgen mehr machen zu müssen. Ich bin das Freudenmädchen, das einige Stunden lang die Hände, die sich auf seinen Körper legen, zu vergessen weiß. Halbtags ein liederliches Frauenzimmer, eine studentische Hure, eine Bordsteinschwalbe mit Computerkenntnissen. An der frischen Luft nehme ich wieder Farbe an. Langsam gehe ich mit rasendem Herzschlag zur nächsten Bushaltestelle.

Kapitel 14

Nervosität

14. Januar 2007

Mit hochgeschlossenem Mantelkragen renne ich durch
die Kälte, um nicht zu spät zu meiner ersten Universi-
tätsprüfung zu kommen. Heute bin ich im Stress, denn
ich habe eine Prüfung in Literatur. Natürlich habe ich alle
Bücher gelesen, aber mit großer Verspätung: Wegen ihres schwindelerregenden Preises konnte ich sie mir nicht
kaufen und musste warten, bis sie in der Uni-Bibliothek
verfügbar waren.

Das war erst in der letzten Woche der Fall, und ich
habe drei Bücher nacheinander verschlingen müssen. Vorher hatte ich für meine Kurse stur gelernt, denn ohne
die Werke gelesen zu haben, verschloss sich mir natürlich der Sinn. Die letzte Woche war somit voller Adre-
nalin. Ich hastete zwischen meiner Arbeit, meinem Studium und den öffentlichen Verkehrsmitteln hin und her
und hatte zudem noch den Prüfungsstress. Vor der ersten
Prüfung heute habe ich Angst. Ich renne durch die Uni-
Gänge, um zu dem Gebäude zu kommen, wo die Prüfung
stattfindet. Dort wartet bereits ein Grüppchen vor dem
Hörsaal. Wenn man seit dem Aufstehen nur gerannt ist,
nimmt man, wenn man auf einmal stillsteht, plötzlich das
ganze Ausmaß der Müdigkeit wahr. Nur die Nervosität
hält mich aufrecht.

Zwei Tage zuvor habe ich einen Kunden getroffen. Dieses Mal hatte ich beschlossen, einen Teil meines Verdiensts für eine kleine Verwöhneinheit zurückzuhalten: Ich wollte ein bisschen Shoppen gehen. Das ist das Problem mit diesem schnell verdienten Geld, man will immer mehr.

Ich habe also einen Typen getroffen. Er suchte nur jemanden, der »leicht bekleidet ein paar Hausarbeiten erledigt«. Mit den näher rückenden Prüfungen brauchte ich immer noch genauso viel Geld, hielt es aber nervlich immer weniger aus, angefasst zu werden. Ich habe zwei Stunden bei diesem Typen verbracht und in Unterwäsche seine Hemden gebügelt, das ist alles. Er hat mir hundert Euro gegeben.

In der Metro Richtung Uni ist mir diese ganz frische Geschichte wieder durch den Kopf gegangen, und plötzlich habe ich mich so schmutzig gefühlt wie noch nie. Ich weiß allzu gut, dass diese Zeit der Teilprüfungen nicht die beste ist, um ein Selbstbewusstsein zu entwickeln, aber ich konnte nicht umhin, mich zu hassen und mir zu sagen, ich würde nie bestehen. Die Prostitution ist zur Droge geworden, seit mein Verdienst im Callcenter nicht mehr ausreicht. Als ich feststellte, wie viel Kohle ich machte, habe ich sogar in Erwägung gezogen, mit den Telefonanrufen aufzuhören und mich ganz der Prostitution zu »widmen«. Es wäre Schluss mit den einengenden Arbeitszeiten, ich müsste nur ein paar Stunden pro Monat arbeiten und hätte das Dreifache meines momentanen Salärs.

Doch dieser Job im Callcenter, so langweilig und schlecht bezahlt er auch sein mag, ist neben der Universität das Einzige, das mich an die Realität bindet. Hätte ich nur den Beruf der Prostituierten, würde ich rasch in die

Falle geraten und hätte einen Zuhälter, der mich kontrolliert. Er würde mich dazu bringen, die Uni aufzugeben, und ich würde zu seiner Henne, die ganztags goldene Eier legt.

Die Anspannung vor dem Hörsaal steigt immer mehr. Ich muss ruhig werden, sonst verliere ich mein Denkvermögen, wenn ich vor der Prüfungsaufgabe sitze. Ich beruhige mich, so gut es geht: Das ist eine normale Reaktion, es ist meine erste Uni-Prüfung, und mein Studium begeistert mich so sehr, dass ich glaube, es stünde viel auf dem Spiel. Die Prüfungen erstrecken sich über die ganze Woche, ich muss dem Druck standhalten. Die einzige Prüfung, die ich nicht fürchte, ist das Mündliche, denn es ist mir schon immer leichtgefallen, mich auszudrücken. Ich muss mich nur von dieser Literatur befreien; wenn ich diese Prüfung erst mal hinter mir habe, bin ich entspannter.

Ich suche in meiner Manteltasche nach dem Tabak zum Drehen. Ich finde nur mehr ein paar Krümel. Also frage ich wie üblich eine Studentin, mit der ich befreundet bin, ob sie mir netterweise eine Zigarette spendiert. Der Luxus, eine richtige Zigarette vor einer Prüfung, das kann doch nur ein gutes Omen sein!

Die Türen des Hörsaals öffnen sich, und fest entschlossen zu zeigen, was ich kann, gehe ich hinein.

Kapitel 15

Begegnung

Pauls Bar ist auf natürliche Weise zu meinem Stamm-
lokal geworden. Ich habe es schon vor langer Zeit entdeckt, lange vor meinem Studentendasein. Ich habe mich
dort sofort wohlgefühlt. Die Ausstattung ist aus dunklem
Holz im Kolonialstil. An den Wänden hängen viele Fotos
von Schauspielerinnen der vierziger Jahre, und selbst
wenn ich die meisten nicht kenne, sind sie mir rasch vertraut geworden. Dennoch gehe ich nicht allzu häufig hin,
denn ich möchte mich jedes Mal aufs Neue verzaubern
lassen. Paul nickt mir zu, wenn ich mal wieder herein-
komme, und wir reden ein paar Worte. Anfangs bin ich
nach meinen »professionellen« Treffen dorthin gegangen.
Dann war ich immer regelmäßiger dort: vor oder nach der
Arbeit, auf einen Kaffee oder für ein Gespräch mit Freunden, die ich dort zufällig traf.

Die Bedeutung dieser Bar für mein Leben hat an dem
Tag eine radikale Wendung erfahren, als ich mich nach
meinem ersten Mal mit Joe dorthin geflüchtet habe. Seit
jenem Tag löst sie in mir das Gefühl von Erleichterung
aus, von Weichheit nach der emotionalen und physischen
Gewalt. Hier ertränke ich meine finstern Gedanken und
die Melancholie, indem ich mein ganzes Leben vergesse.
Sie ist ein Ort des Übergangs zwischen den Hotels und

meiner Wohnung: Sie ist zu einem richtigen Zufluchtsort für mich geworden.

Im Laufe der Zeit habe ich mich mit Paul, dem Kellner, angefreundet. Seine Gegenwart ist mir angenehm. Mit ihm spreche ich ohne Scheu, aber ohne je ins Detail zu gehen. Einerseits weil ich keine Lust dazu habe: Ich bin nicht die Art Mädchen, das dem Erstbesten sein Leben erzählt. Und andererseits weil Paul ziemlich oberflächlich ist. Er würde sich für meine Geschichten nicht interessieren, außer für meine Sexgeschichten. Nichts finde ich unerträglicher, als wenn der, mit dem man spricht, sich dauernd nach allen Seiten umschaut und verzweifelt nach etwas sucht, an das er seinen Blick heften kann. Wegen des geringen Vertrauens, das ich ihm als »Hüter der Geheimnisse auf Leben und Tod« entgegenbringe, habe ich mir definitiv aus dem Kopf geschlagen, ihm auch nur irgendetwas über meine verbotenen Spiele zu erzählen. Ein solches Geheimnis zu lüften ist undenkbar. Ich will mich nicht rechtfertigen müssen, nicht seinem Blick ausgesetzt sein, der – auch wenn er nicht so weit ginge, mich zu verurteilen – unweigerlich Mitleid ausdrücken würde. Und wenn ich darüber nachdenke, meine ich, dass er mir ohnehin nicht geglaubt hätte.

Paul ist ein Aufreißer. Mit übermäßigem Ego ausgestattet, macht er jede an, die in seine Bar kommt. Eroberungen im Schnellverfahren. Er legt sie flach und lässt sie nach ein paar Tagen, wenn nicht gar Stunden, wieder fallen. Übrigens hat er ganz zu Anfang sein Glück auch bei mir versucht. Ich glaube, er hat es sich zur Pflicht gemacht, jedes hübsche Mädchen, das durch die Tür tritt, anzubaggern. Er hat mich recht geschickt angemacht, aber ich bin ganz eindeutig nicht an ihm interessiert: In meinen Gedanken ist er zu sehr mit meinem Leben als Prostituierte verknüpft. Er hat es gespürt und mich schnell von seiner Liste gestrichen. Ich glaube nicht, dass er wirklich an mir interessiert war. In seinen Augen wäre ich einfach eine neue Eroberung gewesen, und er war nicht bereit – für mich nicht mehr als für eine andere –, sich abzustrampeln, um sein Ziel zu erreichen. Sich zu bemühen entspricht ihm nicht. Da er räumlich gesehen den Orten meiner geheimnisvollen Begegnungen so nah ist, sage ich mir auch immer wieder, dass er, wenn er es denn wirklich will, eines Tages kapieren wird, was ich mache und wohin ich gehe.

In den Spitzenzeiten meines Lebens als Prostituierte ist diese Bar zu meinem zweiten Zuhause geworden. Ich gebe zu, die Stammgäste spielen dabei eine große Rolle. In der Mehrzahl Leute um die dreißig: junge Geschäftsleute oder heruntergekommene Künstler, mitunter einige Models, diese Bar verströmt Jugendlichkeit. All diese Milieus treffen in der Bar fröhlich aufeinander, was das Stimmengewirr in einen harmonischen Lärm verwandelt.

Ich habe mich immer reifer gefühlt als die anderen Mädchen meines Alters, und im Laufe der Gespräche mit völlig Unbekannten – aber mit völlig unbekannten Dreißigjährigen – ist mir aufgefallen, dass ich mich mit dieser Altersgruppe am wohlsten fühle. Als Kind musste ich schneller erwachsen werden als andere, und meine Eltern haben mich zu höchster Verantwortung erzogen. Darum habe ich die Kindereien im Gymnasium kaum ertragen. Auch wenn das Gerede meiner Klassenkameradinnen mich manchmal amüsierte, langweilte es mich doch meistens. Das ewige »Weißt du was? Außerdem hat mein Typ ein Auto« nervte mich kolossal: Mein damaliger Freund war dreißig und hatte schon seit geraumer Zeit ein Auto. Also nichts Besonderes für mich. Ich konnte mich nicht dazu aufraffen, bei ihren Plänen für eine Pyjamaparty am Wochenende oder bei ihren ersten Erfahrungen mit sogenannten leichten Drogen mitzumachen.

Im Allgemeinen kam ich nur in die Schule, um am Unterricht teilzunehmen, und danach verschwand ich schnell wieder. Ich mischte mich nur selten unter die anderen Schüler. Ohne hochmütig zu sein, hielt ich mich auf natürliche Weise von den Gleichaltrigen fern. Ich schätzte ihre Gegenwart für die Dauer eines Tages, aber ich habe mich nie darum bemüht, sie außerhalb der Schule zu treffen. Für die Typen galt dasselbe. Soweit ich mich erinnere, haben mich gleichaltrige Typen immer zutiefst gelangweilt, außer Manu, der in etwa derselben Generation angehört wie ich. Als ich ins Flirtalter kam, habe ich sie nie als feste Freunde in Betracht gezogen. Ich ziehe fertige Männer vor, die keine spätpubertären Krisen mehr durchmachen oder auf der Suche nach ihrer Identität sind.

Manchmal bedaure ich es, so schnell erwachsen geworden zu sein, denn im Gymnasium habe ich mich allein und unverstanden gefühlt, ich lebte in einer anderen Zeit, machte andere Erfahrungen. Ich denke wie eine Dreißigjährige, meine Gedanken sind meinem Alter um zehn Jahre voraus. Im Endeffekt wäre ich nur zu gerne fähig gewesen, mich wie Gleichaltrige zu amüsieren, ganz unbeschwert, ohne dauernd wie eine verantwortungsbewusste Erwachsene nachzudenken. Manchmal strengt mich mein eigener Charakter sehr an, aber ich kann nicht anders: Ich muss anerkennen, dass ich nie ein Mensch sein werde, der sich an Kindereien erfreut, nicht einmal vorübergehend. Meine Naivität habe ich schon vor langer Zeit verloren.

Das ist einer der Gründe, der dazu geführt hat, dass ich mich in Pauls Bar sofort wohl gefühlt habe. Ich gehe fast immer alleine hin und kann sicher sein, den Abend im Gespräch mit neuen Leuten zu beenden.

Als ich an diesem Abend die Bar betrete, ist sie gesteckt voll. Es findet ein Rockkonzert statt, und einige angeheiterte Gäste haben das Lokal in eine richtige Tanzfläche verwandelt. Diese gute Laune ist ansteckend, und ich muss unweigerlich lächeln, kaum dass ich in der Kneipe bin. Paul sieht mich und stellt mir unverzüglich ein Glas Wein hin, damit ich mich »wohl fühle«, sagt er. Dabei weiß ich genau, dass er den Typen, die am Tresen hocken und mich ausgiebig angeglotzt haben, als ich ihn zur Begrüßung küsste, nur imponieren will. Das ist seine Art zu sagen: »Hey, Jungs, ja, ich kenn' sie ...«

Das hat gewirkt. Zwei Männer haben sich auf der Stelle bemüht, mit mir ins Gespräch zu kommen.

»Hallo, kommst du oft in diese Bar?«, fragt mich der eine, nicht sehr originell.

»Ich habe dich nie noch nie hier gesehen, und ein hübsches Mädchen wie du wäre mir nicht entgangen«, sagt der andere schon geistreicher.

Wie einfallsreich! Ihre Annäherungsversuche riechen nach billiger Anmache: Ich wittere die sexuelle Lust eines Mannes auf hundert Meter. Nett antworte ich auf ihre Fragen. Ich leiste mir sogar aus purer Höflichkeit ein paar platte Vorstöße. Die beiden Knaben kennen sich gut, und vor meinen Augen entwickelt sich das Gespräch zu einem Wettkampf. Wer von ihnen wird heute Abend das Mädel abschleppen? Derjenige, der den besten Spruch landet, der mir ein breites Lächeln ins Gesicht zaubert. Ich bemühe mich, freundlich zu bleiben, aber ich habe unbändige Lust, sie einfach stehen zu lassen, um ihnen ein für alle Mal zu verstehen zu geben, dass sie bei mir keine Chancen haben.

Plötzlich bemerke ich ihn hinter den beiden Männern. Er sieht mich schon eine ganze Weile an. Dunkles Haar, ein paar Strähnen fallen ihm in die Augen, ich vermute, sie sind grün. Er trägt ein gestreiftes Baumwollhemd, dessen Ärmel er hochgekrempelt hat. Ein ziemlich mittelmäßiger Gesamteindruck, und trotz allem kann ich nicht den Blick von ihm wenden. Ein spannender Mann. Er sieht mich mitfühlend an. Ich treffe ihn nicht zum ersten Mal hier. Ich habe ihn öfter bei einem Kaffee mit Paul reden sehen. Ich lächle, als mir einfällt, dass ich ihm nicht die berühmte Frage »Bist du öfter hier?« stellen kann.

Sein Blick signalisiert mir etwas, das ich so schnell nicht verstehe. Zwei Sekunden später ist er bei mir und umfasst vor den beiden Anmachertypen meine Taille. Unnötig zu sagen, dass die beiden sich ziemlich brüsk aufrichten, peinlich berührt, sich so sehr getäuscht zu haben. Schweigen macht sich breit, nur unterbrochen von kurzem Hüsteln, das ihre Verlegenheit verrät.

»Ah ... hallo«, stottert einer der beiden.

Zwei Höflichkeitsfloskeln später haben sie sich schon verdrückt. Der Retter dreht mich zu sich, ohne meine Taille loszulassen. Die Situation ist unheimlich erotisch, und ein Schauer durchläuft mich, sodass sich die Härchen auf meinen Armen aufstellen. Ich kann ihn nicht aus den Augen lassen, während er mich schweigend ansieht. Er ist wirklich nicht das, was man einen schönen Mann nennt, dennoch fasziniert er mich. Ich hätte eine Stunde so stehen bleiben können, doch nach einer guten Minute breche ich das Schweigen.

»Danke. Sie wurden wirklich nervig.«

»Ja, das habe ich gemerkt.«

Er deutet auf einen Tisch, der gerade frei geworden ist. Er bestellt zwei Bier für uns, und so verbringen wir ganz natürlich den Abend zusammen, lachen viel und reden über unser jeweiliges kleines Leben. Er heißt Olivier. Beruflich macht er nichts Großartiges, er scheint sich eher zu langweilen. Er hat das Aussehen und den Lebensstil eines Bohemiens. Der Junge wirkt etwas resigniert, ihm fehlt die Zeitmaschine, die ihn in die siebziger Jahre zurückversetzen könnte. Er ist in der falschen Ära zur Welt gekommen.

Der Abend ist beschwingt, ich fühle mich total wohl. Ich weiß nicht, warum mir heute Abend alles so leicht erscheint. Ebenso wenig kann ich mir erklären, wie man sich manchmal mit einem völlig Fremden so wohlfühlen kann... dass man ihm sogar sehr Persönliches offenbart. Ich spreche über meine Familie, mein Studium und Manu. Er hört mir aufmerksam zu und erzählt mir von Momenten und Erfahrungen, die ihn in seiner Kindheit oder erst kürzlich geprägt haben. Es ist ein gesunder und ausgeglichener Gedankenaustausch, wo jeder etwas von sich einbringt. Alles wird mit einem Lächeln preisgegeben, sogar die leidvollen Erfahrungen werden als konstruktive Phasen ausgelegt.

Glas reiht sich an Glas, je später es wird. Wir sind immer betrunkener, verfallen der Gesetzmäßigkeit der Trunkenheit, nach der man munter und ohne Hemmungen sein Leben erzählt. Ich habe das sonderbare Gefühl, ihm alles sagen zu können, selbst und insbesondere das, was ich vor allen verberge. Mehrfach überrasche ich mich bei der Frage, wie er wohl reagieren würde, wenn ich ihm mein unzüchtiges Leben gestände. Doch ist es er, der den Reigen der grenzenlosen Geständnisse eröffnet.

»Nach dreißig Jahren habe ich das Gefühl, dass mich heute nichts mehr schocken kann. Das ist doch traurig, oder?«

Der Druck ist zu groß, mein Geheimnis zu belastend, als dass ich es alleine tragen könnte.

»Wirklich, dich kann nichts mehr schocken?«

»Wirklich.«

»Ich bin ganz sicher, dass ich dich schocken kann.«

Unter Einfluss des Alkohols werde ich immer wagemutiger. Mir ist bewusst, dass ich mit dem Feuer spiele, aber ein merkwürdiger Instinkt drängt mich, ihm zu vertrauen. Er schweigt einen Moment, als suche er nach einer Antwort. Er begreift, dass es sich um etwas handelt, das ich noch zögere zu gestehen. Dann sagt er: »Wenn du sicher bist, höre ich dir zu.«

Er spürt meine Unentschiedenheit. Ihm mein geheimes Leben zu offenbaren heißt, ihm völlig zu vertrauen und auf seine Loyalität zu zählen, darauf, dass er das Geheimnis für sich behält. Aber ich kenne ihn doch gar nicht! Wie und warum sollte ich ihm vertrauen? Ich ahne, wenn ich ihn so eindringlich ansehe, dass er nichts sagen wird. Dennoch, ein Funken Verstand bremst mich noch.

»Sei unbesorgt. Es bleibt unter uns, das schwöre ich dir.«

Ich springe also ins kalte Wasser. Ich prüfe die Worte in meinem Kopf, damit sie annehmbar klingen, denn ich habe sie noch nie ausgesprochen.

»Weißt du, wo ich letzte Woche war?«

Er schüttelt den Kopf. Natürlich, woher sollte er es wissen?

»Ich war bei einem fünfzigjährigen Mann, der dafür bezahlt hat, dass er mich anfassen durfte. Ich bin eine Prostituierte.«

Ohne weiter zu überlegen, habe ich es ausgespuckt. Im nächsten Augenblick weiche ich zurück, als hätte ich eine andere reden hören.

Eine Sekunde lang wird sein Blick durchdringender, und seine Stirn legt sich in Falten, aber da er sich wohl an sein Versprechen erinnert, nehmen seine Gesichtszüge eilig einen Ausdruck an, der neutral wirken soll.

»Aha«, sagt er nur.

Er legt mir nicht die Hand auf die Schulter, versucht keinerlei Geste des Mitgefühls, die mich in Wut versetzt hätte. Im Gegenteil, er versucht nur zu begreifen und stellt mir viele Fragen. Die restliche Nacht verläuft wie der Anfang: Meine Enthüllung hat den Abend nicht verdorben, im Gegenteil, sie hat uns nähergebracht.

Paul reißt uns aus unserer Träumerei, die beinahe sechs Stunden gedauert hat. Sechs Stunden ohne Pause, in denen wir alles um uns herum vergessen haben. Ich habe überhaupt nicht gemerkt, wie die Zeit verging, und halte es für einen Scherz, als ich Paul mit einem Scheuerlappen in der Hand sehe, weil er vor dem Schließen saubermachen will.

»Ab mit euch. Wir schließen!«

Wir beide brechen in freimütiges Gelächter aus, da uns klar wird, dass wir jeden Zeitbegriff verloren haben. Er steht auf und reicht mir die Hand, um mich nach draußen zu führen. Betrunken und fröhlich winke ich Paul flüchtig zu. Olivier begleitet mich nach Hause und hält meine Taille umschlungen, weil ich im Zickzack gehe. Den ganzen Weg über müssen wir wegen des übermäßigen Alkohols wie die Irren lachen, ohne dass wir wissen, weswegen. Als wir vor meiner Haustür angelangt sind, vergewissert er sich, dass ich meinen Schlüssel habe und die Tür richtig aufschließe. Dann haucht er mir langsam einen kleinen Kuss auf die Wange.

Ich sehe ihn lächelnd an und gehe hinauf in meine Wohnung, wo ich alleine, aber glücklich einschlafe.

Kapitel 16

Eskalation

4. Februar 2007

Mein Geburtstag nähert sich mit Riesenschritten. Ich werde neunzehn. »Ein sehr schönes Alter« in den Augen aller. Mir hingegen ist die Zahl gleichgültig, die der Zähler zeigt.

Neunzehn Jahre. Zwei Liebesgeschichten – davon eine im Gange –, ein neusprachliches Abitur in der Tasche, ein Uni-Jahr, das sich besser entwickelt als gedacht, und das geheime Leben einer Prostituierten. Nicht schlecht für eine Neunzehnjährige. Noch nicht ganz neunzehn Jahre sind vergangen. Doch ich habe das Gefühl, zehn Jahre älter zu sein.

Ich bin fast neunzehn und brauche immer dringend Geld. Meine Finanzen sehen nicht gut aus, ganz und gar nicht. Meine winzig kleine Handypauschale ist mir von meinem Telefonanbieter konfisziert worden. Ich setze Prioritäten wie zum Beispiel meine Miete, die ich auch nur mit Schwierigkeiten bezahlen kann. In der Metro zur Universität fahre ich meistens schwarz, da ich mir den Luxus einer Dauerkarte nicht leisten kann.

Ich bemühe mich, das Positive im Auge zu behalten. Mein Studium begeistert mich: Seit nunmehr vier Monaten gehöre ich mit wahrem Vergnügen zum weiten Kreis der Studentenschaft. Selbst wenn ich müde bin, gehe ich

148

freudig in die Vorlesungen, weil ich mir der Chance bewusst bin, die sich mir dort bietet, (fast) kostenlos studieren zu können. Mein Wissensdurst versiegt nicht, und ich bin sicher, mit dem Studium moderner Sprachen meinen Weg gefunden zu haben. Meine Professoren ermutigen mich, und einer von ihnen hat mir kürzlich sogar gesagt, er sehe in mir eine zukünftige Dozentin.

Außerdem habe ich nun die Ergebnisse meiner Teilprüfungen vom Januar. Bei zwanzig möglichen Punkten habe ich sie mit einem Schnitt von fünfzehn bestanden! Ich konnte es kaum fassen, als ich meine Noten per Post bekam. Es gibt also noch so etwas wie Gerechtigkeit. Ich habe nicht vergeblich gepaukt.

Mein kleines Budget lässt es natürlich nicht zu, dass ich mir alle Bücher kaufe, die ich brauche. Die Bibliothek ist mittlerweile einer meiner Lieblingsorte. Dort lasse ich mich gerne treiben, blättere in wunderbaren Werken. Aber sie ist nicht besonders groß, und oft ist sie bereits geplündert, wenn ich komme, zumindest was die Bücher für meine Seminare angeht. Diese kleinen Unannehmlichkeiten bringen mich jedoch nicht aus dem Lot, sie verlangsamen ganz einfach mein Lernen. Ich beneide die jungen Studentinnen, die einfach in die Buchhandlung an der Ecke gehen, die Bücher in Originalsprache bestellen und dann mit einem heiteren Lächeln ihre Kreditkarte zücken.

Und ich wünsche mir dringend einen Laptop, denn der ist im Grunde unerlässlich. Der Gedanke kam mir zuerst im Callcenter. Einer der Angestellten hatte uns angekündigt, es würde eine Verlosung geben, bei der ein Laptop zu gewinnen sei. Meine Reaktion auf diese Eröffnung kann man sich vorstellen. Wann immer ich Gelegenheit dazu habe, durchforste ich im Netz die Anzeigen für Computer, lechze nach den technischen Wunderwerken. Mein Lieblingsmodell habe ich schon ausgesucht, obwohl ich doch nur zu gut weiß, dass meine Eltern es mir nie schenken könnten, auch nicht zu meinem Geburtstag.

Mein Alltag macht mich hilflos. Vor etwas mehr als einem Monat habe ich Joe zum ersten Mal getroffen. Innerhalb eines Monats hatte ich drei bedeutende Kunden hintereinander, sodass ich vorübergehend aus den roten Zahlen bin, denn sie haben mir über sechshundert Euro eingebracht. Dank ihnen habe ich meine größten Finanzprobleme regeln können, Dinge, die schon seit Langem anstanden, aber es bleiben immer noch die Miete, die Rechnungen etc. Ich sehe kein Ende. Zu vieles, an das ich denken und das ich bezahlen muss. Ich fühle mich einfach überfordert.

Ich kehre zu den Annoncen im Internet zurück.

Als Erstes kontaktiere ich einen Amateurfotografen. Der Typ lässt mich unglaubliche Klamotten anziehen: Selbst in meinen gewagtesten Fantasien hätte ich mir eine derartige Ausstaffierung nicht vorstellen können! Im Laufe der Fotosession wird mir der Typ immer suspekter. Er wird fordernd, seine Worte beinahe heftig, wenn ich nicht mache, was er will.

»Ach, Laura, doch nicht so! Glaubst du, in dieser Stellung machst du jemanden scharf? Nicht so steif! Mehr Sex, ja, so ist es gut, mit offenem Mund, sehr gut!«

Fix beende ich diese Session. Als ich das Geld einstecke, wird mir klar, dass der Betrag nicht so hoch ist, wie wenn ich mit einem Unbekannten ins Bett ginge. Und außerdem ist mir das Konzept nicht geheuer: Fotos hinterlassen Spuren. Ich bin nicht bereit, solche Risiken einzugehen. Ich lege Wert darauf, so unauffällig wie möglich zu bleiben. Der Typ ruft mich mehrere Male an und schlägt mir sogar Aufnahmen zu dritt mit einem anderen Mädchen vor.

»Du wirst sehen, sie ist Studentin wie du, das wird wirklich supermäßig klappen mit euch beiden, ich bin mir ganz sicher!«

Allein schon bei dem Gedanken, mich mit einem anderen armen Mädchen in derselben Scheiße zu befinden, stockt mir das Blut. Da er meine Zurückhaltung spürt, erhöht er das Honorar, das immer verlockender wird, bis hin zu einer unglaublichen Summe für eine junge Frau wie mich. Doch ich bin mir sicher, dass ich in die Fänge dieses Typs geriete, wenn ich darauf einginge. Er hat alle charakteristischen Eigenschaften eines perfekten Zuhälters: schmeichelnd, beschützend und eine Sekunde später gewalttätig. Er scheint zu einem weitreichenden Netz in V. zu gehören. Lasse ich ihn näher an mich heran, komme ich nie mehr aus der Prostitution heraus. Da sehe ich meine Zukunft nicht, das sagen übrigens alle Prostituierten.

Dem Milieu so nahe gekommen zu sein lässt mich erschaudern: Ich fühle mich schwach, ohnmächtig gegenüber diesen Manipulatoren, aber gleichzeitig stark genug, den Kopf hochzuhalten. Bis jetzt ist es mir gelungen, Gefahr rechtzeitig zu erkennen und mich nicht auf irgendwas einzulassen. Zuhältern habe ich bisher ausweichen können, aber wie lange noch? Wenn man sich erst einmal prostituiert, landet man, was auch immer geschieht, in einem Milieu, wo einen die Leute kennen und wiedererkennen. Ich habe keinen Cent, ich habe das Gefühl, je tiefer ich in dieses geheime Leben gerate, umso knapper wird es an den Monatsenden. Bei jedem Geldproblem komme ich in Versuchung, mich zu prostituieren. Ein Teufelskreis, der mich verhöhnt und mich in seinen Strudel hineinzieht: Je mehr Geld ich verdiene, desto mehr gebe ich aus und desto mehr will ich.

Mir ist bewusst, dass ich »Glück« hatte bis jetzt. Niemand hat mir Zwang angetan, ich bin nicht an Geisteskranke geraten. Manchmal erzittere ich, wenn mir klar wird: Vielleicht warte ich darauf, dass mir etwas viel Schockierenderes zustößt, um diesem Doppelleben ein Ende zu setzen. Und wenn dieser Auslöser nicht kommt? Wenn die Grenzen sich schrittchenweise hinausschieben, so allmählich, dass ich die Gefahr nicht kommen sehe? Werde ich eines Tages zu denen gehören, die man »Professionelle« nennt? Werde ich die Kraft haben, mich daraus zu befreien?

Nur sehr selten erlaube ich mir derartige Gedanken. Nicht, weil ich mir etwas vormache: Mir ist voll und ganz bewusst, dass ich mit dem Feuer spiele. Ich versuche nur, mich zu schützen. Ich habe bis heute keine andere Möglichkeit gefunden, rasch zu Geld zu kommen, darum der Versuch, nicht allzu sehr über mögliche Schwierigkeiten zu grübeln.

All diese unheilvollen Überlegungen schüren meine Schizophrenie. Ich spüre, wie ich mich, wenn ich meinen Gedanken nachhänge, aufspalte. Nicht ganz schwarz, nicht ganz weiß; nicht ganz Prostituierte, nicht ganz Studentin, mein Leben widerspricht sich in allen Punkten. Die übrige Zeit glaube ich fest an die Zukunft. Ich sehe mich mit einer kleinen Familie in einem schönen Haus, mit einer Arbeit, die ich gerne tue, weit weg von all dieser Scheiße. Ich weiß, ich habe die Möglichkeiten, wieder nach oben zu kommen. Ich werde mich selbst beim Schopf packen und aus diesem Sumpf rausziehen, das ist klar. Später werde ich in mir dieses geheime Gefühl von Erfolg, von Sieg verspüren. Bei dem, was nur wenigen Frauen gelungen ist, werde ich beispielhaft vorangehen.

Später werde ich, das ist beschlossene Sache, ein guter Mensch sein. Im derzeitigen Lebensabschnitt kann ich es mir nicht leisten.

Ich ziehe immer ernsthafter die Lösung Joe in Betracht. Seit unserem ersten Treffen hat er mich nicht mehr aus seinen Klauen gelassen. Täglich bekomme ich E-Mails von ihm, die ich automatisch lösche, ohne sie zu lesen. Als Neuling in diesem Gewerbe ist mir der Gedanke unvorstellbar, dieselben Freier mehrmals zu treffen. Doch schnell erkenne ich, dass man genau darauf zählen muss, denn sie sind gewissermaßen das Sicherheitsnetz in den brenzligsten Zeiten unseres Lebens, im Leben der Prostituierten.

Ich glaube, ich träume wohl ganz dumm von einer Geschichte à la *Pretty Woman*, in der mich ein Doppelgänger von Richard Gere aus meiner Hölle befreit. Ich sage mir immer wieder, das kann nicht eintreten, wenn ich immer wieder dieselben Kunden treffe. Also suche ich weiter die seltene Perle und meide Joe wie die Pest. Ich muss lächeln, selbst bei einem Kunden träume ich von einem charmanten Prinzen.

Doch Richard Gere lässt auf sich warten, und als ich erneut einen Brief von meiner Vermieterin erhalte, in dem sie die Miete innerhalb einer Woche fordert, sage ich mir, dass ich überall und ohne Probleme Kunden finden kann. Weniger klar ist, ob sie vertrauenswürdig sind. Aus den Annoncen spricht oft eine grenzenlose Perversion, was mich hindert, den Kontakt aufzunehmen. Joe ist anders. Mein letzter Eindruck von ihm war, ich hätte ihn ausgenommen. Er hat mich üppig bezahlt für so gut wie nichts: Nur seine Hände sind über meinen Körper gewandert. Seine Fantasien erscheinen mir im Augenblick völlig machbar. Ich vergesse die abscheulichen Gefühle, die mit diesem Treffen einhergingen, die ganze Scham und den Ekel, den ich empfunden habe. Ich begreife es noch nicht, aber genau da liegt die Gefahr: dass man sich nur an den Umschlag mit dem Geld erinnert.

Am Tag nach dem Brief meiner Vermieterin kam meine Lohnabrechnung. Ich verziehe das Gesicht, als ich die Höhe meines Gehalts sehe: Ein Trinkgeld, das ist es, was ich mit meinem Telefonjob verdiene.

Am selben Abend kontaktiere ich Joe von einem Internet-Café aus, zuerst einmal frage ich ihn lediglich, wie es ihm geht. Dieser Typ scheint vor seinem PC zu leben, denn er antwortet mir innerhalb von einer Sekunde.

In der zweiten Mail erkläre ich mich einverstanden, ihn demnächst zu treffen, je eher, desto besser, da ich dringend Geld bräuchte. Offensichtlich von seiner Lust getrieben, hat er es eilig zuzusagen. Trotzdem fragt er aus Höflichkeit zuvorkommend, wie es mir geht. Ich lasse in meiner Antwort durchblicken, dass mein Geburtstag bevorsteht und wir uns vielleicht genau an diesem Tag sehen könnten. Ohne zu zögern, füge ich die Webseite mit dem Laptop meiner Träume als Anhang an.

Ich verstehe, dass viele mein Vorgehen schockierend finden. Ich sage mir, da diese Perversen mich ficken wollen, sollen sie dafür teuer bezahlen. Dennoch kann ich mich nicht als »Prostituierte« einordnen: Meines Erachtens bin ich mehr wert. Und Geld ist das einzige Mittel, mit dem ich mir das beweisen kann. Mein neunzehnter Geburtstag rückt näher, und in diesem Jahr brauche ich, mehr noch als in den Jahren zuvor, Zuspruch und Trost. Dummerweise meine ich, dies in einem Laptop finden zu können, den mir ein Kunde schenkt. Wie kann ich nur so blöd sein!

Die Mail, die er mir daraufhin schickt, kommt nicht ganz so prompt. Bestimmt habe ich ihn etwas verwirrt. Aber wie kann er auch nur eine Sekunde glauben, ich hätte den Kontakt zu ihm wieder aufgenommen, weil ich ihn schätze? An dieser Geschichte interessiert mich ausschließlich seine Kohle. Dennoch fragt er in seiner Antwort, warum ich einen Laptop brauche. Ich erkläre ihm, dass ein Laptop meine tägliche Uni-Arbeit gewaltig vereinfache. Ich schmiere ihm noch viel Honig ums Maul, denn ich weiß, dass ich es mit einem fürsorglichen Papa zu tun habe, der sich leicht rühren lässt. Wenige Minuten später erhalte ich seine Antwort.

Laura,
offenbar durchlebst du gerade schwere Zeiten. Ich verstehe gut, dass ein Laptop für dich unerlässlich ist. Welches Modell interessiert dich? Hast du einen besonderen Wunsch? ...

In diesem Augenblick weiß ich, die Sache klappt. Ich schäme mich nicht einmal. Ich glaube, in diesem Moment bin ich bereit, alles, was von ihm kommt, zu akzeptieren, denn ich bin überzeugt, dass unser nächstes Treffen mein letztes Auftreten als Prostituierte sein wird.

Er ergreift die Initiative und vereinbart ein Treffen in drei Tagen. An meinem Geburtstag.

Kapitel 17

Der Fall

Mittags um ein Uhr warte ich vor demselben Hotel auf ihn wie beim ersten Mal. Wir werden zwei Stunden zusammen verbringen, denn anschließend muss ich zur Arbeit. Die Erfahrung mit Pierre ist mir noch sehr gegenwärtig, und ich schaue unruhig in alle Richtungen. Ich versuche, alle Leute zu sehen, die vorbeigehen, ohne Aufmerksamkeit auf mich zu lenken, und hoffe, dass Joe gleich kommt. Ironischerweise fühle ich mich erst wohl, als ich mit ihm alleine im Zimmer bin. Ich weiß, dass uns jeder Passant, der uns zusammen auf der Straße sieht, durchschaut.

Ich erinnere mich, dass ich einmal mit einer Prostituierten gesprochen habe, ohne ihr meine »Schattenarbeit« zu offenbaren. Sie hat mir erzählt, dass sie auf der Straße alle halbe Stunde Telefonkontakt mit ihren »Kolleginnen« hält. Steigt eine in ein Auto, informiert sie die anderen, damit sie einschreiten können, falls sie nicht wieder auftaucht. Die Studentinnen, die ihre Freier hauptsächlich über das Internet finden, sind alleine in einem Zimmer eindeutig viel mehr der Gefahr ausgesetzt als auf der Straße.

Ich sehe ihn von Weitem, wieder mit seinem Zauberköfferchen in der Hand. Wir küssen uns zur Begrüßung auf die Wange, und er sagt: »Geh vor mir aufs Zimmer.«

»Warum?«

»Seit beim letzten Mal die Polizisten da standen, möchte ich diskreter sein. Man kann nie wissen. Bitte am Empfang um den Schlüssel. Da ich deinen Nachnamen nicht kenne, habe ich meinen angegeben.«

Natürlich weiß er meinen Namen nicht. Und es ist auch völlig ausgeschlossen, dass er ihn je von mir erfährt.

»Dann gehst du hoch und machst es dir bequem. Ich komme gleich nach.«

Unter *es sich bequem machen* versteht er: Ich soll die sexy Sachen anziehen, die er mich gebeten hat mitzubringen. Ich nicke und gehe zur Rezeption, an der eine junge Frau arbeitet. Sie hebt den Kopf, als ich vor ihr stehe, ein professionelles Lächeln umspielt ihre Lippen.

Vor dem Zimmer spitze ich die Ohren, will mich vergewissern, ob ich von drinnen ein Geräusch höre. Ich bin überzeugt, ein Stöhnen zu hören, ich werde jetzt argwöhnisch. Vielleicht erwartet mich jemand, und dieser Jemand will mir etwas antun. Ich hefte mein Ohr buchstäblich an die weiße Holztür. Nichts, ich komme rasch zu dem Schluss, dass meine grenzenlose Fantasie mir einen Streich spielt und ich aufhören muss, so ängstlich zu sein. Ich drehe den Schlüssel im Schloss.

Als ich die Tür öffne, begrüßen mich als Erstes die grünen Vorhänge. Genau wie beim ersten Mal springen sie mir durch ihre Hässlichkeit ins Auge. Das Zimmer ist wohl etwas kleiner, aber die Einrichtung ist identisch: Meine Anhaltspunkte bleiben also in etwa gleich. Vorerst hat sich nichts wirklich verändert. Seltsamerweise beruhigt mich das.

Auf einem kleinen Tisch gegenüber vom Bett entdecke ich einen Laptop. Ein Pornofilm füllt den ganzen Bildschirm. Ich bin erleichtert, dass ich nicht geträumt habe: Von hier kommt das Stöhnen. Auf dem Bett liegt ein Brief. Auch Joe hat sich nicht verändert. Seinen teuren Geliebten Briefe zu hinterlassen ist unleugbar Teil seiner Fantasien.

Laura,

ich freue mich sehr, dich heute wiederzusehen. Ich möchte, dass du zuerst duschst. Dann klopfe ich dreimal an die Tür. Ich will, dass du sagst: »Tritt ein, Meister.«
Anschließend legst du dich aufs Bett. Ich will, dass du zu mir sagst: »Guten Tag, Meister, alles, was du siehst, gehört dir.«

So ein lächerlicher Typ! Seine Dominanzfantasien werden stärker. Ich bekomme Angst, der Ton hat sich im Vergleich zum ersten Mal verändert, da war Joe sehr behutsam vorgegangen.

In seinem Brief erwähnt er den Laptop nicht. »*Nur dieses eine Mal, Laura, das letzte Mal*«, sage ich mir.

Langsam gehe ich auf den Laptop zu, um ihn mir genauer anzusehen. Ob er wohl für mich ist, oder Joe mich einfach foppen will? Ich traue ihm alles zu. Vorsichtig berühre ich die Tasten, voller Begehrlichkeit, und dennoch frage ich mich, ob ich wirklich zu allem bereit bin, um ihn zu bekommen. Und wenn dieser Computer nicht für mich ist? Und wenn er sich entscheidet, ihn mir am Ende doch nicht zu schenken? Meine Gedanken kreisen nur noch um das Besitzenwollen, mein Wunsch ist zu einem maßlosen Verlangen geworden. Ich will diesen Laptop um jeden Preis.

Ich beschließe zu duschen und dabei meine Gedanken zu ordnen. Im Badezimmer erwartet mich eine angenehme Überraschung: Es gibt keinen Spiegel. Ich glaube, ich wäre heute nicht fähig gewesen, meinem Abbild gegenüberzustehen; mein neunzehnter Geburtstag, an dem ich meinen Körper verkaufe, um mir einen Computer leisten zu können. Rasch gehe ich unter die Dusche. Als ich mich noch abtrockne, höre ich Joe an die Tür klopfen. Ich stelle mich mitten ins Zimmer, nackt, und sage: »Treten Sie ein, Meister.«

Ich muss unweigerlich lachen, als ich mich diesen Satz aussprechen höre. Ich stelle mir vor, dass er hinter der Tür vor Vergnügen lächelt. Doch stattdessen kommt er herein, starrt mich kurz an und sagt barsch: »Hier wird nicht gelacht.«

Er meint bestimmt, er könne sich wegen seines kostspieligen Geschenks erlauben, fordernder zu sein. »*Okay, Schätzchen, spiel dich heute nicht so auf... Spiel das Spiel mit, du hast einen Computer in Aussicht...*«, sage ich mir. Das Ding beherrscht mich geradezu. Joe reißt mich aus meiner Träumerei.

»Leg dich quer über das Bett auf den Bauch.«

Ich gehorche, ohne aufzumucken, ich wage nicht einmal, den Mund aufzumachen. Joe kann meinen Körper in dieser Position perfekt betrachten, und vor allem meinen Hintern, den ich hasse. Es ist mitten am Nachmittag, und das Licht dringt durch die grünen Vorhänge, was in Anbetracht ihrer Qualität nicht besonders überrascht. Ich fühle mich wirklich unbehaglich.

Ich bin größer, als das Bett breit ist, mein Kopf und meine Füße hängen über. Joe sieht es und sagt: »Lass den Kopf nach unten fallen und streck die Hände unters Bett.«

Ich tue es, ohne genau zu verstehen, worauf er hinauswill, ich hoffe nur, dass er mich anschließend nicht noch auffordert, den linken Fuß auf den Kopf zu stellen und einen Kopfstand zu machen. Ich ertaste ein Stück kalten Karton unter dem Bett. Ich ziehe die Schachtel an mich heran, um sie aus dem Versteck herauszuholen und sie betrachten zu können.

Ein Laptop. Mein Laptop. Beim Anblick dieses Gegenstands muss ich unwillkürlich lächeln. Ein teuflischer Gedanke überkommt mich plötzlich: Warum noch mit ihm schlafen, wo ich doch jetzt mein Geschenk schon habe? Aber wie kann ich auch nur eine Sekunde glauben, Joe ließe mich einfach so gehen?

So dumm ist Joe nicht. Er muss den Funken Arglist in meinem Blick gesehen haben, denn er sagt mit einem Mal: »Natürlich öffnest du es erst danach.«

Ich werde es also über mich ergehen lassen müssen, keine Möglichkeit, dem zu entkommen. Ich verstehe, dass er mich für heute auch bezahlen wird. Ich lächle über meinen bevorstehenden Reichtum. Ich bin auch wahrhaftig gerührt: Dieser Laptop ist das teuerste Geschenk, das man mir je gemacht hat. Ich habe in meinem Leben nicht vieles bekommen, ohne dass von mir eine Gegenleistung erwartet wurde. Joe gibt mir natürlich etwas auf finanzieller Ebene, doch heute hat er einen anderen Charakterzug durchblitzen lassen, der mir bisher unbekannt war: seine menschliche, großzügige Seite. Zumindest rede ich mir das ein.

Der Teufelskreis ist perfekt: Er manipuliert mich, aber ich merke es nicht. Joe weiß, was er tut. Er begehrt mich und weiß, dass er mich mit Geld ködern muss. Die Grenzen zwischen uns sind wieder einmal weiter hinausgeschoben. Joe hat die Zügel in der Hand.

Er fordert mich auf, mich aufs Bett zu setzen, neben

ihn. Er macht den Ton des Films lauter, den er zuvor auf dem Computer angehalten hat. Es ist der Sadomaso-Film eines Amateurs. Man sieht eine nackte Frau, etwa vierzig Jahre alt, eher rundlich, der man die Haut mit einer Kerze versengt. Sie sitzt gefesselt auf einem Stuhl, Wachs rinnt über ihre Brüste, und sie schreit sich die Seele aus dem Leib. Je lauter sie schreit, umso größer wird die Lust des abscheulichen Täters. Am Ende scheint auch sie Lust zu empfinden. Die Bilder flimmern vor meinen Augen, ohne dass sie sich auf meiner Netzhaut festsetzen, es fällt mir nämlich sehr schwer, diese Szenen anzusehen.

Ich habe ziemlich regelmäßig Pornofilme gesehen. Wie alle Leute schaue ich sie mir manchmal mit meinen Freundinnen oder meinem Freund an, aus Neugierde und um die Erregung zu steigern. Der Sadomasochismus ist etwas völlig anderes. Ich glaube, ich werde nie begreifen, was Filme dieser Art reizvoll macht. Schon nach zwei Minuten kann ich die Szene nicht mehr ertragen und muss den Blick abwenden. Ich habe mich bei diesen Bildern in einen Eisklumpen verwandeln. Aber Joe hat wahnsinnig Spaß.

»Ehrlich, Joe, ich kann nicht hinsehen, das ist absolut nicht mein Ding.«

»Das Problem ist, es ist aber mein Ding, ich verlange ja nicht, dass du hinschaust.«

Der Ton ist völlig anders als beim letzten Mal. Er verachtet mich total: Ich bin auf die Ebene der billigen Nutte gesunken, die nur dafür da ist, ihren Hintern hinzustrecken und die Schnauze zu halten.

»Ich schlage vor, ich fessle deine Hände ans Bett.«

Ich stelle unmittelbar die Verbindung zum Video her. Will er auch mir die Haut versengen? Und ich habe gedacht, ich wäre mit ihm im Hotelzimmer sicherer! ... Joe wird etwas milder.

»Mach dir keine Sorgen, Laura.«

Vorsichtig kommt er näher. Langsam drückt er meinen Körper in eine ausgestreckte Lage, dann dreht er mich auf die Seite. Anschließend zieht er meine Handgelenke hinter den Rücken und bindet sie mit meinem Pullover, der auf dem Bett liegt, zusammen. Der Knoten ist nicht sehr fest, was mich ein wenig beruhigt, ich kann mich befreien, wenn ich es will.

Joe scheint nicht bereit, mir diese Möglichkeit zu lassen. Plötzlich hat er von irgendwoher eine Schnur und fesselt meine Fußgelenke, auch nach hinten. Zur Sicherheit schnürt er dann Füße und Handgelenke zusammen. Ich muss etwas von einem Stück Fleisch beim Metzger haben. Warum lasse ich das mit mir machen?

Er holt einen Dildo aus seinem Aktenkoffer. Es ist nicht das erste Mal, dass ich einen in natura sehe, aber der hier erscheint mir viel größer. Beim Anblick dieses Dings durchläuft mich ein Schauder, und mir entfährt ein ängstlicher Seufzer. Joe reagiert darauf nicht. Es ist ihm scheißegal, da ich ja nun gefesselt bin.

Gefangen. Ich bin jetzt seiner Scheißwillkür ausgeliefert.

Er kommt näher und stopft mir ein Papiertaschentuch in den Mund, das er, um das Ganze abzurunden, mit einem Tuch um meinen Kopf verschönert. Binnen zwei Minuten hat er mich bewegungsunfähig und stumm gemacht, ohne dass ich reagieren konnte. Ich fühle mich machtlos und sage mir ängstlich: ›Selbst wenn er mir wehtut, werde ich nicht schreien können.‹

Mit Gleitcreme und seinem übernatürlichen Gegenstand gelingt es ihm, mich körperlich zu erregen. Dann kommen das Entsetzen und der Schmerz. Der erste Stoß tut unsagbar weh.

Das Papiertaschentuch erstickt meinen Schrei. Er hört nicht auf, ganz im Gegenteil. Immer wieder brülle ich unhörbar »hör auf«, die Tränen rollen mir übers Gesicht, die Schmerzen sind unerträglich. Soweit es mir möglich ist, schlage ich die Schenkel aneinander, um ihm zu verstehen zu geben, er müsse aufhören. Ich strample mit aller Kraft, sodass es ihm nicht mehr gelingt, mich festzuhalten und irgendetwas in mich hineinzuschieben. Außerdem muss mein dumpfes Gebrüll nun bis draußen zu hören sein. Endlich nimmt er mir, in Panik angesichts meines aufgelösten Zustands, das Tuch und die Fesseln ab und gibt mir meine Freiheit zurück. Kaum ist der letzte Knoten gelöst, springe ich auf. Ich drehe mich langsam um, meine Haare sind völlig zerzaust, ich ringe noch nach Luft. Ich muss wie eine Furie aussehen. Nun schaue ich ihm gerade in die Augen. Ich möchte ihn am liebsten umbringen.

Er sieht mich ein bisschen verlegen an, weil ihm mein psychischer Zustand bewusst wird. Doch wieder einmal gefällt ihm die Situation. Als er meine blutunterlaufenen Augen sieht, mimt er den Unschuldigen.

»Na, was denn? Ich habe geglaubt, du hast das gerne, die Unterwerfung ...«

Sogar er glaubt nicht mehr dran. Ich antworte nicht, sondern stürze mich auf meine Kleider und ziehe mich in Windeseile an. Wer weiß, wozu er sonst noch in der Lage ist! ... Für heute habe ich genug erlebt. Für immer übrigens.

»Du gehst schon? Wir haben doch zwei Stunden vereinbart. Dir bleibt noch eine Stunde mit mir.«

Aus Angst, er könnte gewalttätig werden, lasse ich mir schnell eine Ausrede einfallen. Er wird sie mir womöglich nicht abnehmen, aber was soll's, ich muss weg. Mit zitternden Händen finde ich die Kraft, in schwindelerregender Geschwindigkeit zu stammeln: »Heute ist mein Geburtstag, ich gehe deshalb doch nicht zur Arbeit. Meine Freundinnen erwarten mich in einem Café, wo wir bei einem Glas Wein feiern wollen. Ich stecke außerdem mitten in den Teilprüfungen, ich werde also nicht lange bei ihnen bleiben können, danach muss ich nach Hause, um zu lernen.«

Ich bringe so viele Ausreden wie möglich vor und sage mir, dass unter dieser Unmenge an Lügen eine sein wird, die durchgeht. Ich spüre in Kopf und Körper, dass ich am Rande einer Panikattacke bin; ich muss schnell hier raus, ehe ich in diesem dreckigen Hotelzimmer verrückt werde. Geld hin oder her, ich werde gehen.

Joe fährt die letzten Argumente auf, die mich besänftigen könnten, damit ich noch ein bisschen bleibe. Er spielt die Entschuldigungskarte aus.

»Du musst das nicht so ernst nehmen, Laura. Das war nur eine kleine Phantasie.«

»Eine kleine Phantasie? Tja, das ist absolut nicht mein Ding ...«

Das ist alles, was ich sage, da ich keinen Sinn mehr darin sehe, mit ihm zu reden. Ich bin jetzt völlig angezogen und streife meinen Mantel über, als Joe sagt: »Duschst du nicht?«

Meine Antwort ist ein barsches Zischen.

»Nein, ich gehe.«

Ich habe mehrere seiner Anordnungen auf einmal missachtet, da ihn dies verunsichert, weiß er nicht, wie er reagieren soll. Ich habe keine Lust, ihm die Zeit zu lassen, darüber nachzudenken. Schon habe ich die Hand an der Türklinke. Eine Sekunde später mache ich kehrt, ich habe etwas vergessen. Ohne ihn auch nur eines Blickes zu würdigen, nehme ich den Laptop, klemme ihn mir unter den Arm und stürme so schnell wie möglich hinaus.

Im Flur holt er mich ein.

»Hier, Laura, das hast du auch vergessen.«

Er reicht mir einen Umschlag. Er sieht genauso aus wie beim letzten Mal. Ich öffne ihn ... und entdecke vierhundert Euro darin. Seine Hand nähert sich meinem Kopf, während ich ihn anschaue. Meine Gesichtszüge sind verzerrter denn je. Er streicht mir übers Haar und sagt: »Es war gut, es hat mir sehr gefallen.«

Er sagt das, als spräche er zu der »lieben Kleinen«, was mir sofort wieder Übelkeit bereitet. Ich reiße ihm fast den Umschlag aus der Hand und fliehe, ohne mich noch einmal umzudrehen.

Atemlos renne ich aus dem Hotel. Tränen laufen mir übers Gesicht, die wegen der winterlichen Kälte fast zu Eis werden. Ich kann jetzt nicht alleine sein. Zielstrebig gehe ich in meine Lieblingsbar, wo ich mich schon nach dem ersten Mal, als ich keine Lust hatte, nach Hause zu gehen, hingeflüchtet habe.

Paul steht hinter dem Tresen und trocknet sein hundertstes Glas an diesem Tag ab. Er sieht, dass ich in Katastrophenstimmung ankomme, die Wangen von der Kälte gerötet, mit feuchten Augen. Ich habe nicht die Absicht, ihm mein Unglück anzuvertrauen; niemand darf je davon erfahren. Ich sehe nicht normal aus, er würde mir nicht glauben, wenn ich sagte, alles sei okay. Mein Gesicht spiegelt extremen Aufruhr: Die einzige Möglichkeit, mich aus der Affäre zu ziehen, ist, so zu tun, als gäbe es einen angenehmen Grund dafür.

»Laura? Geht es dir gut?«, fragt er mich, als ich mich auf einen der Barhocker setze.

»Ja, sehr gut. Mir ist etwas Unglaubliches passiert!«

An der Stelle belüge ich ihn nicht. ›Schnell, lass dir was einfallen.‹

»Ich habe gerade im Callcenter diesen Laptop gewonnen! Ist das nicht genial?«

Ah, so eine schöne Rechtfertigung! Gut gemacht. Ich zeige ihm das hart verdiente Ding. Innerlich verleihe ich mir die Plakette für die beste Lüge des Jahres. Paul beglückwünscht mich und freut sich offensichtlich für mich. Ich bestelle einen Kaffee, und ohne dass ich ihn darum gebeten habe, erzählt er mir den neuesten Tratsch aus dem Viertel. Perfekt. Reden oder Nachdenken wäre in diesem Moment eine allzu große Anstrengung für mich gewesen.

Nach ein paar Minuten unterbreche ich ihn.

»Sag mal, Paul, stört es dich, wenn ich bei dir dusche?«

»Nein, überhaupt nicht. Fühl dich wie zu Hause.«

Ich hätte nicht eine Minute länger Joes Geruch auf meiner Haut ertragen können, und da sich mir die Möglichkeit bietet, mich zu waschen, ergreife ich sie sofort. Ich gehe ins Hinterzimmer und von dort nach oben, wo sich das Bad befindet. Den Laptop habe ich immer unter dem Arm. Schmutz und Schande haben sich auf meinem Körper festgesetzt, ich werde ordentlich schrubben müssen, um alles abzuwaschen.

Lange lasse ich Wasser über meine Haut fließen, und ich brauche das halbe Duschgel auf. Als ich fertig bin, fühle ich mich noch genauso schmutzig. Plötzlich verändert sich alles. Ich sehe den Laptop in einer Ecke des Zimmers liegen, und es geschieht etwas völlig Verrücktes, das ich mir noch eine Sekunde zuvor nicht hätte vorstellen können: Ich lächle. Ich bin ganz einfach glücklich, dass er jetzt mir gehört. Die Freude gewinnt die Oberhand, und die Ängste, die ich hatte, als ich aus dem Hotel rannte, lösen sich langsam auf. Außerdem habe ich Geburtstag, und ich will mir nicht den Tag mit finsteren Gedanken verderben. Ich werde später noch genug Zeit haben, Trübsal zu blasen. Ich hätte es nie für möglich gehalten, dass ich an diesem Nachmittag lächle.

Ich suche meine Sachen zusammen, verabschiede mich von Paul und verlasse die Bar in scheinbar ruhiger Verfassung. Ich mache mich auf den Weg zur Arbeit. Ich finde mich nicht einmal verachtenswert, weil ich mich über diesen Laptop freue.

Herzlichen Glückwunsch zum Geburtstag, Laura.

Kapitel 18

Liebe

Neben meinen zweifelhaften außeruniversitären Aktivitäten habe ich regelmäßig Olivier getroffen, ohne dass irgendetwas zwischen uns konkreter geworden wäre. Unsere platonische Beziehung trägt uns. Jedenfalls ist es keine offizielle Paarbeziehung. Um meine Ungeduld zu bezähmen, versuche ich mir einzureden, dass mir diese Situation lieber ist. Beide haben wir Angst vor dem, was geschehen könnte, wenn wir denn einen Kuss wagten. Wir treffen uns mehrere Male pro Woche nach meiner Arbeit und meist in Pauls Bar, an dem Ort, wo wir uns kennengelernt haben.

Ich weiß nicht, wie er sein Geld verdient, er scheint immer Zeit zu haben für unsere Treffen und schlägt sie seinerseits sehr regelmäßig vor. Womöglich bekommt er Arbeitslosengeld. Ein Vergleich mit meinem Exfreund Manu ist unvermeidlich. Nach einem Geizkragen habe ich nun jemanden an meiner Seite, der sicherlich nicht viel Geld zur Verfügung hat, der aber, wann immer er kann, mich zum Abendessen einlädt. Obwohl wir uns noch nie auch nur geküsst haben, weiß ich, dass er mir sehr wichtig ist.

Wir sprechen nie über mein geheimes Leben wie über ein Problem, das zu lösen wäre. Olivier scheint den Gedanken akzeptiert zu haben, dass sich eine Frau für ihn interessiert, die mit ihrem Körper ihr Studium finanziert. Ich gestehe, dass ich seit Langem den gedanklichen Faden verloren habe, was diesen Teil meines Lebens betrifft. Olivier fragt mich auch nicht danach. Wahrscheinlich hat er andere Probleme zu lösen, bevor er imstande ist, sich mit meinen zu befassen.

Wir verbringen ganze Tage miteinander, wir streifen durch V. oder reden die ganze Nacht bei mir bis zum Morgengrauen. Wir verstehen uns mühelos, wir sind uns nicht immer einig, aber unsere Beziehung ist unglaublich freundschaftlich: Der eine versucht immer erst den Gedanken des anderen zu begreifen, bevor er ihn kritisiert. Wir haben auch viel Spaß miteinander. Sein Lachen ist eine richtige Wohltat für meine Ohren und Augen. Eine Sekunde, bevor es explosionsartig aus ihm herausbricht, erahne ich es schon auf seinen Lippen, die sich kurz zusammenziehen, um sich schließlich ganz zu öffnen. Ich sehe ihn an und vergesse darüber, selbst zu lachen, da mich dieses überraschende Bild so gefangen nimmt. Dieser Typ ist nicht schön, aber in meinen Augen ist er großartig.

Weit davon entfernt, perfekt zu sein, und genau das macht ihn so wunderbar. Dann hört er auf zu scherzen, weil er nun mich bewundert, und Schweigen stellt sich ein, natürlich und schön.

Ich fasse es noch immer nicht, in welch kurzer Zeit wir uns so nahekommen konnten. Ich suche nicht lange nach einer Erklärung, das Leben und seine Begegnungen halten nicht immer eine bereit.

Ich habe oft so funktioniert, dass ich mich von den Ereignissen tragen lasse, ich akzeptiere sie, wie sie kommen, und bemühe mich weitestgehend, mich nicht zu beklagen.

Eines Abends ruft er mich an und fragt mich, ob ich zum Abendessen zu ihm kommen wolle. Ich sage freudig zu, seine Gegenwart wird für mich immer wichtiger, er fehlt mir schon, kaum dass wir uns verabschiedet haben.

Der Abend verläuft ohne Überraschungen, voller Freude und in guter Stimmung. Wir sind glücklich, zusammenzusitzen, auch wenn wir uns erst am Tag zuvor gesehen haben. Das Gespräch nimmt seinen gewohnten Lauf: ein Getöse aus Nonsens, ein Tohuwabohu aus Scherzen, in das hin und wieder ernste Themen einfließen. Am Ende des Essens greift Olivier nach seinem Rotweinglas und bittet um Ruhe, indem er mit seinem Messer den Tellerrand zum Klirren bringt. Seine Züge sind ziemlich ernst, und da ich diesen Gesichtsausdruck von ihm nicht kenne, werde ich ein bisschen steif auf meinem Stuhl.

»Laura ... «

Er sucht noch nach Worten, ist das ein gutes Zeichen? Ich antworte nicht, kein Interesse.

»Laura ... «

Dann steht er langsam auf und küsst mich. Das ist die schönste Liebeserklärung, die man mir je gemacht hat. Ich habe meinen Vornamen in den letzten Monaten so oft gehört, verzerrt von wilder Lust mir unbekannter Männer. Ich habe mir sogar schon gewünscht, ihn nie mehr hören zu müssen, denn er hat meine Schizophrenie ihrem Höhepunkt entgegengetrieben. Er zwingt mich, mit meiner neuen, erfundenen Freundin, der neuen Mitbewohnerin meines Gehirns, zu jonglieren: mit Laura, der Prostituierten.

Doch plötzlich findet meine ganze Identität ihren Raum und ihre Daseinsberechtigung wieder. In seinen Augen bin ich keine Nutte, sondern Laura. Dieser Kuss klärt, was wir seit Wochen nicht gewagt haben uns einzugestehen: Wir sind leidenschaftlich verliebt. Nach Manu – und in Anbetracht meines geheimen Lebens – hätte ich nie gedacht, mich so schnell wieder zu verlieben. Bei meinen Kunden habe ich natürlich keinerlei Empfindungen und darum geglaubt, ich verschlösse mich mittlerweile jedem Gefühl. Olivier beweist mir an diesem Abend das Gegenteil. Durch diesen Kuss, so unbedeutend er für viele sein könnte, fühle ich mich wieder lebendig, ich akzeptiere mich als liebendes Wesen und nicht mehr bloß als Objekt, das unbekannten Männern zu Diensten ist.

Die nächsten Wochen sind die intensivsten meines jungen Lebens. Olivier und ich lassen uns nicht mehr los, wir machen alles gemeinsam, ohne uns Fragen über die Zukunft zu stellen. Ich treffe mich weiterhin mit Kunden, ganz einfach, weil ich noch immer genauso dringend Geld brauche. Mein Lebensstil ist kostspieliger geworden, ich leiste mir Dinge, die zu besitzen ich mir sechs Monate zuvor noch nicht mal habe vorstellen können.

Als wir zum ersten Mal miteinander schlafen, geschieht etwas sehr Aufschlussreiches. Mittendrin hält Olivier plötzlich inne und schaut mich mit seinen grünen Augen eindringlich an. Dann durchbricht er das Schweigen und sagt: »Laura …«

Er schluckt, als müsste er seinen Mut zusammennehmen, um zu reden.

»Laura, was machst du da?«

»Äh … ich bin bei dir. Wir schlafen zusammen.«

»Nein, Laura. Du lässt dich ficken, das ist nicht dasselbe.«

Ich schrecke zurück.

»Laura, ich ficke dich nicht. Ich mache Liebe mit dir.«

Ich liege jetzt total still, um einen Moment darüber nachzudenken, was Olivier gerade gesagt hat. Nach all den Monaten, in denen ich keinen anderen Geschlechtsverkehr hatte als den mit meinen Freiern, ist mir nicht bewusst gewesen, dass ich mir einige Reflexe angeeignet habe, mit denen ich mich schütze. Abwarten, sich nicht bewegen, die Augen schließen: All das ist natürlich nicht vereinbar mit einem Freund.

Olivier hält mich lange in seinen Armen, und ich falle in einen tiefen, ruhigen, friedlichen Schlaf. Am nächsten Tag lieben wir uns mit großer Zärtlichkeit.

Olivier verschließt nicht die Augen vor meinem verbotenen Leben, ganz im Gegenteil. Im Laufe der Zeit ist er zu meinem Terminkalender geworden: Ich informiere ihn immer über den Zeitpunkt und den Ort meiner Treffen, für den Fall, dass mir etwas zustoßen sollte. Die Absonderlichkeit dieser Beziehung wird mir nicht bewusst. Er genehmigt mir förmlich, ihn zu betrügen, und schlimmer noch, er hilft mir noch bei der Zeiteinteilung. Wir reden anschließend nicht darüber, denn er muss nicht hören, was geschehen ist. Ich sehe ihn nicht als Masochisten, und mich sehe ich nicht als Sadistin. Wir wollen ganz einfach alles teilen, und wenn es dafür nötig ist, dass er die Namen meiner Kunden und die Uhrzeiten meiner Verabredungen weiß, bin ich bereit, sie ihm zu sagen.

Eines Tages vereinbare ich mit einem neuen Unbekannten ein Treffen in der Nähe des Bahnhofs. Ich muss ihn am späten Nachmittag treffen, und vorher trinken Olivier und ich noch einen Kaffee in Pauls Bar. Als ich an meinem heißen Kaffee nippe, klingelt mein Handy. Besagter Mann ist am anderen Ende der Leitung.

»Laura? Ja, mir ist lieber, wir treffen uns auf dem Parkplatz vor dem Bahnhof, so gegen einundzwanzig Uhr. Passt dir das? Ich weiß, das ist viel später als ursprünglich geplant, aber vorher kann ich nicht.«

»Vor dem Bahnhof? Ich weiß nicht so recht ...«

Der Typ wird mir unheimlich.

»Vor dem Bahnhof ist es nicht wirklich sicher, ich weiß nicht so recht, ob ich dich da so spät treffen will.«

Olivier hat den Kopf gehoben und lauscht nun dem Gespräch.

»Nicht doch, Laura, mach dir keine Sorgen, ich werde mit dem Auto kommen, dich abholen, und dann fahren wir schnell woandershin. Wir verbringen da doch nicht den Abend!«

Dieses Gespräch muss sofort ein Ende haben, und diese Verabredung muss abgesagt werden. Es ist ausgeschlossen, dass ich mich zu so später Stunde mit einem Unbekannten am Bahnhof treffe und in sein Auto steige.

»Ich muss absagen, um die Zeit kann ich nicht.«

Ich lege auf, ohne seine Antwort abgewartet zu haben. Olivier hat mich nicht aus den Augen gelassen, aber ich weiche seinem Blick aus. Er spürt ganz genau, dass irgendetwas nicht stimmt.

»Alles in Ordnung?«, fragt er mich schließlich.

»Ja, alles in Ordnung. Ich habe dem Kunden abgesagt.«

Er hat nicht einmal Zeit gehabt zu lächeln, schon klingelt mein Handy wieder. Ich hätte es mir denken können, dieser komische Typ lässt so schnell nicht locker. Wir schauen auf das schrill klingelnde Telefon. Uns ist klar, dass er es ist, und zum ersten Mal in unserer Beziehung spüre ich, dass meine verbotenen Spiele sich zwischen uns stellen.

Ich gehe ran. Wieder er.

»Laura, warum hast du aufgelegt? Ich bin sicher, dass wir uns später sehen können oder an einem anderen Tag. Wir können uns doch einigen, oder?«

Ich stammle, dass ich keine Zeit habe, und wieder lege ich abrupt auf. Oliviers Augen glühen vor Wut, er ist kurz vorm Explodieren. Ich nehme seine Hände und bedecke sie mit einer Unmenge von Küssen. Wir spüren den Druck der Situation und warten nur darauf, dass das Handy wieder klingelt.

Und tatsächlich wird unser Schweigen ein paar Minuten später gestört. Mit äußerst heftiger Geste greift Olivier nach dem Apparat und brüllt ein wütendes »Hallo« hinein.

Ich habe keine Ahnung, was der Kunde gesagt hat. Vermutlich hat er es mit der Angst zu tun bekommen, als er die hasserfüllte männliche Stimme gehört hat. Ich beobachte nur, wie Olivier den Typen anschnauzt, er solle mich nie mehr anrufen, er würde ihn persönlich ausfindig machen, wenn er versuchen sollte, mit mir je wieder in Kontakt zu treten.

Ich begreife, dass wir unsere Grenzen überschritten haben. Olivier schreit, ereifert sich, weiß nicht mehr, was er sagt, er lässt seinem ganzen Zorn freien Lauf, der sich bewusst oder unbewusst in den letzten Wochen in ihm angestaut hat.

Nach etlichen Beschimpfungen knallt er das Handy auf den Holztisch. Er sieht mich nur eine Sekunde lang an und wendet dann den Blick ab, um sich auf seinen Kaffee zu konzentrieren. Wir sprechen dieses Thema nie mehr an, und ich behalte nunmehr meine Prostitution für mich. Kein Terminkalender, keine Planung mehr zu zweit, ich werde wieder zu seiner Freundin, und er entschließt sich, wieder die Augen zu verschließen vor dem, was er niemals hätte erfahren dürfen.

Die Leidenschaftlichkeit unserer Beziehung wird durch diese Episode rasch brüchig. Olivier kann nicht mehr so tun als ob. Und ich, ich kann nicht mehr aufhören: Ich will immer mehr Geld. In dieser Phase meines Lebens fürchte ich am meisten auf der Welt, Olivier zu verlieren, und dennoch treffe ich mich weiter mit Kunden. Auch die Prostitution ist Teil meines Alltags, und ich bilde mir ein, ohne sie finanziell nicht über die Runden zu kommen.

Als ich eines Morgens bei ihm aufwache, ist das Bett neben mir leer. Die Stelle ist noch warm, es ist sehr früh am Morgen. Olivier steht nachdenklich am Küchenfenster. Langsam trinkt er seinen Kaffee, sein Blick ist völlig ausdruckslos.

Ich schleiche mich auf Zehenspitzen zu ihm und streiche ihm verliebt über den Rücken. Er reagiert nicht. Dann geschieht, was ich schon seit einigen Tagen befürchte.

»Laura ...«

Immer wieder dieses »Laura«, mit ihm hat er mir seine Liebe erklärt, mit ihm hat er mir wieder zu meiner Identität verholfen. Doch dieses Mal klingt es erschreckend anders. Dieses »Laura« ist ein Schlusspunkt, dieses »Laura« setzt unserer Geschichte in dieser dunklen Küche bei Morgengrauen ein Ende.

Das ist alles. Am selben Tag packe ich meine in seiner

chaotischen Wohnung verstreuten Sachen zusammen und
gehe. Erst als ich draußen bin, lasse ich meinen Tränen
freien Lauf. Dieses Mal wische ich sie nicht weg, sie sind
es wert, über mein Gesicht zu kullern.

Kapitel 19

Panik

25. *März* 2007

Ich sitze an Pauls Tresen und plaudere nett und oberfläch-
lich dahin. Seit meiner Trennung von Olivier vor einer
Woche bin ich zum ersten Mal wieder hier. Er meidet den
Ort übrigens sorgsam.

Zum ersten Mal in meinem Leben fühle ich mich einsam auf der Welt. Vor einigen Monaten habe ich mich
entschieden, mein bedrückendes Geheimnis zu lüften,
und jetzt bin ich nicht mehr in der Lage, es wie zuvor tief
in meinem Inneren zu verbergen. Es lastet zu schwer auf
mir.

Paul hat genügend Taktgefühl, Olivier nicht zu erwäh-
nen: vielleicht aus Achtung vor unserem stillen Schmerz.
Vielleicht aber auch, weil es ihm schnurzegal ist. Unser
Kontakt beschränkt sich wieder ganz normal auf unbe-
deutende, uninteressante Unterhaltungen.

Nachdem ich mich eine Woche lang in der Einsamkeit
meiner Wohnung meinem Kummer hingegeben und in
die Arbeit gestürzt habe, habe ich heute Nachmittag beschlossen auszugehen. Ich weiß, ich muss vergessen und
das Kapitel abschließen, doch es ist viel schwerer, als ich
dachte. Ich bin es mir schuldig, wieder ein »normales«
Leben aufzunehmen, obwohl ich mich nicht mehr entschließen kann, es als ein solches zu bezeichnen.

Plötzlich geht die Tür auf. Die Bar ist nicht sonderlich groß, und die Leute, die hereinkommen, werden zwangsläufig von den Gästen angeguckt.

Ich erkenne ihn sofort. Mir stockt das Blut in den Adern, ich bin wie versteinert. Er ist in Begleitung seiner Freundin, vielleicht ist es sogar seine Frau, und, Gipfel des Entsetzens, da ist sein Kind. Ein kleiner blonder, lächelnder Junge mit großen blauen Augen und wunderbaren Locken. Ich werfe nur rasch einen Blick auf seine Frau. Ich kann nicht anders, ich muss sie mir genauer ansehen. Sie ist dunkelhaarig und ziemlich groß, etwas mollig, aber sehr elegant. Sie hält ihren Kleinen an der Hand und lächelt ihm zu. Sie ist bestimmt eine gute Mutter.

Ich drehe mich rasch zum Tresen, sodass ich der Tür den Rücken zukehre. Ich weiß nicht, was ich tun soll.

»Hallo, Paul«, sagt der Typ.

»Hallo, Mathias! Wie geht's? Es ist ja eine Ewigkeit her! Ah, du hast heute deine ganze kleine Familie dabei!«

Scheiße, sie kennen sich! Das ist die Hölle! Vor einem Monat hat dieser Kerl mit mir Kontakt aufgenommen für eine »Massage« in einem miesen Hotel. Und jetzt sehe ich ihn hier in dieser Bar wieder, in meiner Bar. Ich wage nicht, mich auf meinem Barhocker zu rühren, will ihm nicht ins Gesicht sehen, natürlich nicht, will auch nicht wirklich sehen, was weiter geschieht.

Mathias hat mich noch nicht wahrgenommen und unterhält sich mit Paul, während ich hinter mir das Lockenköpfchen und seine Mutter, die ein bisschen abseits stehen, plappern höre. Mathias hat mich nur ein einziges Mal gesehen, es ist vielleicht verständlich, dass er meinen Nacken nicht wiedererkennt. Ich bin schließlich nur ein angenehmer Fehltritt, den er schnell vergessen hat. Ich jedoch erkenne sie alle wieder, ich kenne ihre Gesichter in- und auswendig, weil ich sie genau betrachtet habe. Ich erkenne ihre Stimmen wieder und drehe mich regelmäßig auf der Straße um, wenn ich glaube, eine gehört zu haben.

Er lehnt gerade buchstäblich auf dem Tresen, streift mich mit seiner Schulter. Ich muss gehen, muss so schnell wie möglich raus aus dieser Bar. Mit gesenktem Kopf rutsche ich vom Barhocker und stolpere leicht über meine Tasche, als ich die Füße auf den Boden setze, woraufhin er sich umdreht.

Unsere Blicke treffen sich. Sein Mund öffnet sich ein wenig. Er weiß, dass er mich schon einmal irgendwo gesehen hat, und als er eine Sekunde überlegt, weiß er, wo. Ich erkenne in seinen Pupillen Entsetzen und Panik, dass er mich hier antrifft. Wir erstarren nur eine Sekunde, aber sie erscheint mir wie eine Ewigkeit.

Als Paul sieht, dass ich nach meiner Handtasche greife und gehen will, fragt er mich: »Du gehst schon, Laura? Du hast doch deinen Kaffee noch gar nicht ausgetrunken!«

»Mir ist gerade eingefallen, dass ich etwas erledigen muss, ich muss weg«, stammle ich und verfange mich im Riemen meiner Tasche.

»Warte mal, ich will dir Mathias vorstellen, einen meiner besten Kumpel!«

›Nein, ich kenne ihn schon, deinen Kumpel, sogar ganz gut übrigens.‹ Paul kann die panische Angst, die mich befällt, nicht verstehen. Würde er meine feuchten Hände berühren, wüsste er, dass etwas Abartiges vor sich geht. Mathias wirft einen hektischen Blick zu seiner hinter ihm hockenden Dulcinea, die zum Glück viel zu sehr damit beschäftigt ist, mit dem Sprössling zu spielen.

»Hallo, sehr erfreut, Laura«, sage ich und strecke ihm die Hand hin, damit er sie ergreift.

»Äh ... hallo ... äh ... Mathias, auch erfreut.«

Von wegen! Unsere Finger, steif wie Spieße, umschließen sich zu einem flüchtigen, schwammigen Händedruck. Unsere ängstlichen Blicke weichen einander aus. Paul bemerkt unsere Befangenheit.

»Alles klar, Laura? Willst du nicht doch noch ein bisschen bleiben?«

»Nein, ich muss gehen, tut mir leid.«

Ah ja, wirklich, es tut mir leid. Zielstrebig eile ich zur Tür und murmele noch ein unhörbares »auf Wiedersehen«. Ich sehe Pauls verständnislosen Blick, er zuckt nur mit den Schultern und trocknet dann weiter Gläser ab.

Ich renne eine Weile, ohne stehen zu bleiben, ich will diese Bar und diese Begegnung aus dem Kopf bekommen. Mein Lauf endet an der Ecke eines Sträßchens, ich atme viel frische Luft ein. Ich möchte plötzlich schreien und weinen zugleich. Das ist zu viel: Meine beiden Leben sind sich begegnet, meine beiden Persönlichkeiten haben sich berührt. Bis jetzt ist es mir gelungen, meine beiden Leben sorgfältig auseinanderzuhalten, aber man darf nicht zu viel von mir verlangen. Ich habe Mathias' Familie gegenübergestanden: All das, was ich mich weigere mir vorzustellen, wenn ich mit einem Kunden zusammen bin, ist heute, ohne dass ich darauf gefasst war, konkrete Wirklichkeit geworden.

Es geht nicht mehr. Ich muss unter allen Umständen diese Stadt verlassen.

Kapitel 20

Enteignung

30. März 2007

Ich hatte mir geschworen, Joe nicht mehr zu treffen, aber er ist mir auf die weiche Tour gekommen. Ich habe ihm erzählt, dass ich in Kürze nach Paris ziehe. Blöderweise dachte ich, er ließe mich dann in Ruhe. War ich noch ganz klar im Kopf? »Für deinen Umzug nach Paris brauchst du Geld, du kannst nicht mit leeren Taschen gehen. Nur ein letztes Mal, ist doch keine große Sache, und es kommt uns beiden entgegen.«

Seit Kurzem habe ich seine Handynummer und er meine. Ich habe sie ihm unter Druck gegeben, heute ist mir klar, dass es ein Fehler war. Zu sagen, er rufe mich regelmäßig an, wäre gelogen: Er bedrängt mich geradezu! Ich gefalle ihm wirklich, und ich entspreche seiner Fantasievorstellung von einer sexy und frivolen Studentin. Und schon schlägt er mir etwas Wahnsinniges vor.

Ganze tausend Euro für fünf Stunden. Das ist wirklich sehr verlockend. Aber fünf Stunden, das ist lang. Was hat er vor? Ich denke sofort an die gewaltige Summe. Solche Tarife habe ich nie erreicht, und dieses Geld würde mir erlauben, gelassener in Paris anzukommen. Ich könnte mir in Ruhe einen anständigen Job suchen, der mir gefällt, und müsste nicht überstürzt in einer heruntergekommenen Bar arbeiten. In meinen Gedanken schließe ich aus, dass ich dort in einen ähnlichen Saustall gerate wie in V. Ich flüchte ganz eindeutig aus dieser Stadt, ich will mich nicht länger verstecken müssen, nicht länger taktieren und lügen. In Paris werde ich vernünftig sein.

Wir haben uns im selben Hotel wie üblich verabredet. Letztendlich gibt mir dieser Ort Sicherheit. Trotz allem, was geschehen ist, verbindet mich ein, ich gestehe, dummes Vertrauen mit Joe. Gewiss, er hat mich beim letzten Mal vor Schmerz und Demütigung zum Brüllen gebracht, aber ich kenne ihn zumindest, und ich glaube nicht, mein Leben aufs Spiel zu setzen, wenn ich ihn heute Abend treffe. Trotz all dem, was er mir antun könnte und was mich zum Weinen bringen wird, wenn ich in der Nacht in meinem Bett daran zurückdenke, weiß ich, dass er mich weder erwürgen noch erdolchen wird. Kurzum, ich stehe bereits unter seinem Einfluss. Er zahlt gut.

Anfangs haben wir immer wieder mal per Mail Kontakt gehalten. Er drängte immer hartnäckiger auf ein neues Treffen, ich spürte seine unbändige Lust durch die wenigen Zeilen hindurch, die er mir schrieb. Er schlug mir immer wieder neue Zeiten für eine Verabredung vor, aber ich gab vor, sie passten mir nicht. Um den Anschein zu erwecken, auch ich würde mich bemühen, machte auch ich ihm Vorschläge, aber für Zeiten, von den ich wusste, dass er sich da nicht freimachen konnte. Ich habe mich oft gefragt, warum ich dieses Spiel spielte, warum ich seine E-Mail-Adresse nicht blockiert habe. Ich kann nicht anders, ich sehe ihn als eine Art Sicherheitsnetz an, als jemanden, der mir finanziell Luft verschafft, wenn es mir an Geld mangelt.

Und jetzt brauche ich Geld, jetzt, wo ich von hier weg will, weit weg, da ich spüre, dass mein Leben auf etwas zusteuert, das ich bald nicht mehr unter Kontrolle habe. Das Hauptproblem bleibt natürlich die Kohle. Ich habe keinen Cent, nicht einmal Geld, um mein Zugticket zu bezahlen.

Dennoch habe ich alles in die Wege geleitet: Eine Freundin meiner Mutter wird mich in Paris bei sich aufnehmen, bis ich eine Arbeit und eine Wohnung gefunden habe. Es ist mir gelungen, mir ein falsches ärztliches Attest zu beschaffen, sodass ich die Seminare an der Uni ausfallen lassen kann. Eine Kommilitonin schreibt für mich bei allen Vorlesungen mit, und Ende Mai komme ich und mache meine Prüfungen. Was meinen Job angeht, egal. Ich hatte sowieso nicht vor, Karriere in einer Telemarketing-Firma zu machen. Meine Leute wissen Bescheid, dass mein Umzug unmittelbar bevorsteht. Mein Vater hat geseufzt und mal wieder vorgezogen, mich zu ignorieren, statt mich anzubrüllen. Er hat den Eindruck, die Zeit meines Abiturs und meiner Weigerung, am Unterricht teilzunehmen, noch einmal zu durchleben. Aber das Studium aufzugeben kommt nicht infrage, ich werde aus der Ferne weitermachen, denn die Universität ist meine einzige Ausstiegsmöglichkeit. Ich klammere mich so sehr an diesen Gedanken, dass ich besser motiviert bin denn je, erfolgreich zu sein.

Kurzum, dieses Exil ist meine letzte Chance, aus der Prostitution auszusteigen, in der ich mich zu verlieren drohe. Sobald ich genügend Geld für dieses verdammte Zugticket habe, fahre ich.

Aber ich habe dieses Geld nicht. Ironie des Schicksals: Ich muss Joe wiedersehen, um mich von meinem Leben als Prostituierte zu befreien. Ich habe also seinen Vorschlägen nachgegeben und ihn per E-Mail um seine

Handynummer gebeten. Nachdem ich einige Tage nachgedacht hatte, habe ich ihn angerufen.

»Joe, ich bin's, Laura.«

»Hallo, Laura. Wie geht es dir?«

Ich habe keine Lust auf Banalitäten. Ich unterbreche ihn und unterbreite ihm gleich den Grund meines Anrufs.

»Fünf Stunden, Joe, nicht eine Minute länger. Fünf Stunden für tausend Euro.«

Er muss überrascht gewesen sein, dass ich ohne Umschweife auf das Thema zu sprechen komme, dennoch hat er sehr schnell geantwortet.

»Äh, perfekt, Laura. Fünf Stunden, das ist perfekt, und tausend Euro, das geht klar. Treffen wir uns wie üblich vor dem Hotel? Sagen wir Mittwoch, mittags um eins?«

»Ja, gut, am Mittwoch. Ich werde da sein.«

»Vergiss nicht, sexy Klamotten mitzubringen.«

Ich habe sofort aufgelegt. Jedes Mal hat er mich gebeten, ich möge aufreizende Fummel mitbringen, die viel Haut sehen lassen, denn meine Jeans und meine T-Shirts erregen ihn nicht sehr, nicht genug. Was er will, ist eine Studentin, die in Frauenkleidern die Erwachsene spielt. Das liebt er.

Am Mittwoch haben wir uns vor dem Hotel getroffen. Er hat mich aufgefordert, als Erste hineinzugehen. Ich merke, dass er eine Inszenierung im Kopf hat; und ich vermute, dass wie immer ein Brief auf dem Bett auf mich wartet.

Bingo, tatsächlich, es liegt ein Brief auf dem Bett.

Hallo Laura,
ich freue mich sehr, dass du bereit warst zu kommen, und ich
bin sicher, dieses Treffen wird großartig.

Wie immer möchte ich, dass du zuerst duschst. Dann wirst du
aus dem Zimmer gehen und an die Tür klopfen. Wenn ich ant-
worte, kommst du herein.

Diese Aufforderungen sind zur Gewohnheit geworden:
die Dusche, die Tür, also nichts Neues. In gewissem Sinn
beruhigt mich das. Ich habe den Brief weggelegt und bin
ins Badezimmer gegangen.

Ich stehe also unter der Dusche und lasse langsam ko-
chend heißes Wasser über meinen Körper laufen. Ich fühle
mich weich und kraftlos. Für Widerspruch fühle ich mich
heute nicht stark genug.

Nachdem ich mich sorgfältig gewaschen habe, betrete
ich wieder das Zimmer. Da liegt er, ausgestreckt auf dem
Bett. Wortlos befolge ich seine weiteren Weisungen und
gehe aus dem Zimmer. Ich klopfe, und wie immer panisch bei dem Gedanken, ich könne jemandem auf dem
Flur begegnen, gehe ich hinein, ohne ihm die Zeit zu lassen zu antworten.

Er rührt sich nicht, er spricht nicht, Zeichen dafür, dass
ich meine Lektüre wieder aufnehmen muss.

Heute bleiben wir etwa eine halbe Stunde im Zimmer und
reden miteinander, dann gehen wir an einen Ort, den ich dir
zeigen möchte, er liegt direkt neben dem Hotel.

An einen Ort? An welchen Ort? Selbst wenn mich dieses
Hotel an widerwärtige Momente erinnert, so kenne ich
es doch. Die Orte, die Joe außerhalb dieses Zimmers fre-
quentiert, sind mir unbekannt und somit gefährlich. Ich
habe übrigens überhaupt keine Lust, mich mit ihm draußen sehen zu lassen, vor den Augen aller. Ich will nicht

den Blicken der Leute ausgesetzt sein. Mein Kopf ist eine richtige Waage, auf der einen Seite brüllt mir meine Vernunft zu, ich solle gehen, und auf der anderen Seite glitzern die tausend Euro. All das bedeutet nichts Gutes.

Es ist ein Sexshop, den ich gut kenne. Wir werden uns dort gut amüsieren und beide unser Vergnügen haben.

Mit fragendem, etwas ängstlichem Blick sehe ich ihn an.

»Komm, setz dich zu mir aufs Sofa«, sagt er.

Das also meint er mit »reden«. Er wird mir seine ganze Rhetorik auffahren, um mich zu überreden, mit ihm an diesen finsteren Ort zu gehen, ich sehe das Bild schon vor mir.

»Hör zu, das ist ein prima Laden, der mich stark erregt. Er ist nur zwei Schritte vom Hotel entfernt, es besteht keine Gefahr, dass uns jemand unterwegs sieht. Es ist wirklich ganz nah.«

»Joe, ich will das nicht. Da sind Leute, und ich will nicht gesehen werden. Da fühle ich mich nicht sicher. Nein, wirklich, das lockt mich überhaupt nicht, ich möchte lieber hierbleiben.«

»Aber nein, Laura, nur keine Sorge. Es ist gut da, du musst dir keine Gedanken machen, das kann ich dir versichern. Niemand sieht dich. Hinten im Laden gibt es einen Raum, wo nur Stammkunden sind. Da ist es sehr dunkel, da sieht uns keiner, du kannst mir vertrauen. Da gibt es Videos, die wir zusammen ansehen können, das ist sehr erregend. Ich bin ganz regelmäßig mit Frauen da gewesen, und es ist immer gut gelaufen.«

Er weiß, dass er mit mir vorsichtig umgehen muss, dass ich ablehnen könnte. Natürlich kenne ich solche Orte nicht, und die einzige Vorstellung, die ich davon habe, ist düster. Ich habe keine Ahnung, was mich dort erwartet, und genau das ist das Problem. Nach einer Weile sagt er: »Gehen wir hin, und dann werden wir sehen. Wenn du dich wirklich unwohl fühlst, gehen wir zurück ins Hotel. Du weißt, ich verstehe voll und ganz, ich bin selbst sehr schüchtern und auch sehr schamhaft.«

Ich seufze, aber eine Stimme flüstert mir zu: ›Tausend Euro, Laura, und anschließend bist du frei. Du lässt diese ganze Scheiße hinter dir. Ohne diese Kohle kommst du hier nie weg.‹

»Sehr gut. Aber wir kehren um, sobald ich es möchte«, sage ich schließlich.

Wir machen uns auf den Weg zum Sexshop. Er liegt tatsächlich direkt neben dem Hotel an der Straßenecke.

Als wir den Laden betreten, ertönt die Türglocke. Ich stehe dem Kassierer des Ladens gegenüber. Er ist zwischen fünfundzwanzig und dreißig und sieht so gut aus, dass ich einen Moment erstarre. Welch ein Typ! Auf der Straße, unter anderen Umständen, hätte ich ihn vielleicht nach seiner Telefonnummer gefragt. Aber hier an diesem Ort in Begleitung von Joe, der mein Vater sein könnte, werde ich rot bis über die Ohren.

Auch er hat mich bemerkt. Für den Bruchteil einer Sekunde habe ich in seinen Augen gesehen, dass ich ihm gefalle, doch plötzlich hat sich dieser Blick in Abscheu verwandelt. Er urteilt über mich und sagt sich bestimmt, dass ich nur eine Nutte bin, die sich in Sexshops ficken lässt. Er ärgert sich bestimmt, dass er mich einen Augenblick lang gut gefunden hat. Ich, die ich einen starken Charakter habe, ich, die ich mich nie unterkriegen lasse, ich gestehe, dass ich mich unendlich gedemütigt fühle. Dieser Typ spiegelt mir all das wider, was ich mich weigere zu sehen: das Bild von Laura in ihrem zweiten Leben, das Bild von Laura, der Prostituierten, die sich von alten Männern aushalten lässt. Ja, in seinen Augen bin ich nur eine einfache Nutte. Na gut, und er ist Kassierer in einem Sexshop!

Joe bezahlt den Eintritt, einen lächerlichen Preis, ein paar Euro. Rasch geht er in den rückwärtigen Raum, der hinter großen schwarzen Vorhängen verborgen ist. Schon wieder Vorhänge. Jedes Mal, wenn ich einen Freier treffe, gibt es Vorhänge. Sie unterstreichen, dass das, was ich tue, schlecht ist, schmutzig. Ich schleiche in den Raum, wobei ich den Blick des Verkäufers meide.

Es ist sehr finster, und ich brauche einige Sekunden, bis ich mich an die Dunkelheit gewöhnt habe. Anfangs nehme ich nichts anderes wahr als einen Raubtiergeruch, einen Geruch nach menschlichem Fleisch. Ein Schaudern durchläuft mich. Als ich endlich erkenne, was mich umgibt, sehe ich einen großen Overheadprojektor vor mir, der einen Pornofilm überträgt, in dem eine vulgäre Blondine vor Lust brüllt. Vor der Leinwand sind etwa zwanzig Stühle aufgereiht. Auf den ersten Blick sind etwas mehr als zehn Leute im Raum, alles Männer, die auf den Stühlen zusammengesunken oder stehend masturbieren. Ich reiße mich zusammen, um nicht vor Ekel aufzustöhnen. Der Raum ist ziemlich groß, soweit ich erkennen kann, und ganz in Schwarz gehalten. Das Ganze erinnert ein bisschen an einen Nachtclub: Man sieht, dass der Raum den Eindruck eines In-Clubs machen soll. Das Ergebnis ist mies: Man weiß nur zu gut, wenn man diesen Ort betritt, dass sich hier Fragwürdiges abspielt.

»Komm, setz dich«, sagt Joe. »Wir sehen uns ein Stück vom Film an.«

Verloren, wie ich bin, weiß ich nicht mehr, was ich tun soll. Setze ich mich neben diese Kerle, sehen sie womöglich, wer ich bin. Und wenn ich einen von ihnen kenne? Ich habe keine passable Ausrede. In einem Sexshop zu sein, um sich ein Video auszuleihen, geht gerade noch, man fängt sich den Ruf ein, eine etwas durchtriebene Schlampe zu sein. Aber sitzt man hier in diesem Raum, bietet sich kein Alibi mehr.

Verlegen wie ein sechsjähriges Mädchen gehorche ich den Befehlen desjenigen, der die Vaterfigur verkörpert. Ich setze mich in die zweite Reihe, nachdem ich die freien Plätze inspiziert habe, die nicht allzu sehr in der Nähe der Männer sind. Joe bleibt etwas im Hintergrund, er steht und beobachtet. Er sieht sich die Kunden des Sexshops an und wirft ab und zu einen Blick auf den Film. Ich spüre, wie sich die Blicke auf mich richten. Ich bin hier die einzige Frau. Die Kunden müssen sich sagen, dass sie heute großes Glück haben: Vielleicht werden sie ihre Fantasien mit einer Frau, einer richtigen, umsetzen können.

Ich bemühe mich, den Film anzusehen und nichts zu denken, aber das ist schlicht unmöglich. Die Schreie der Blondine auf der Leinwand, das lustvolle Gestöhne der Typen, all diese Geräusche kann ich nicht ausblenden. Ich will nicht die Augen schließen. In einer solchen Situation will ich, so gut es geht, den Überblick behalten.

Joe kommt zu mir, zeigt auf einen etwa fünfzigjährigen Mann und flüstert mir ins Ohr: »Den da kannst du näher an dich ranlassen. Ich habe ihm von dir erzählt, er tut dir nichts, ich kenne ihn. Der da ist auch in Ordnung.«

Jetzt spricht er von einem anderen, etwa gleichaltrigen Typen, der in der ersten Reihe sitzt. Ungestraft zeigt er mit dem Finger auf sie, sie sind sowieso viel zu beschäftigt mit dem Video. Er kennt sie somit alle, und schlimmer noch, er erzählt ihnen von mir! Ich fühle, wie eine schreckliche Falle zuschnappt. Ich habe mich darauf verlassen, dass Joe mich beschützt, dabei ist er dafür verantwortlich, dass ich nun hier bin. Ich murmele ein leises »Okay«, während ich meine Umgebung beobachte, als wollte ich ausmachen, aus welcher Richtung die Gefahr als Erstes droht.

»Das reicht, für heute haben wir genügend Bilder gesehen.«

Joe hat das gesagt, als risse er mich aus einer Beschäftigung, die mich begeistert. Absolut gesehen und angesichts der Situation hätte ich mit Sicherheit lieber fünf Stunden lang diesen Pornostreifen angesehen. Ich weiß, wenn ich aufstehe und ihm folge, wird es ernst. Ich zittere schon im Voraus.

»Hast du die Klamotten mitgebracht?«, fragt er mich.

»Ja«, antworte ich und zeige auf eine Plastiktüte, die ich beim Hereinkommen an eine Wand gelehnt habe.

»Gut, dann zieh dich jetzt um. Du kannst in eine dieser Kabinen gehen.«

Er deutet auf eine Kabine hinter mir, die ich nicht bemerkt habe. Es gibt drei davon, an der Wand gegenüber vom Minikino.

Ich nehme meine Sachen und gehe in die Kabine. Sie bietet Platz nur für eine Person, und ein simpler Stuhl ist das Einzige, was sich darin befindet. Das grelle Licht blendet mich, als ich aus dem fast finsteren Raum hineingehe. Ich ziehe ein schwarzes dekolletiertes Shorty aus der Tüte. Ich ziehe mich in aller Eile um, aus Angst, jemand könnte in die Kabine kommen und versuchen, mich anzufassen. Als ich den Kopf hebe, sehe ich, dass die

Kabine viele Löcher in verschiedenen Höhen hat, aber ich verstehe noch nicht, wofür die gut sein sollen.

Als ich hinausgehe und die Arme vor der Brust verschränke, um etwas von meiner Haut zu verbergen, erwartet mich Joe. Er ist ziemlich beeindruckt von meinem Aufzug, normalerweise gebe ich mir keine große Mühe, was sexy Klamotten angeht.

»Sehr gut, sehr schöne Dessous! Jetzt hör mir gut zu, du gehst wieder in diese Kabine und wartest ein bisschen. Wenn sie näher kommen, machst du, wozu du Lust hast.«

Wie, »sie«? Ich verstehe nicht, was er meint. Mir bleibt keine Zeit, den Sinn zu erfassen. Joe schiebt mich sanft in die Kabine und schließt die Tür hinter mir. Unsicher setze ich mich auf den Stuhl. Kurz darauf schiebt sich ein Geschlechtsteil durch ein Loch. Dafür sind sie also gedacht … Sie werden alle kommen und erwarten, dass ich sie berühre und mehr. Wo bin ich nur hingeraten? Ich schelte mich naiv, dass ich habe glauben können, alles ginge rasch vorbei.

Von außen höre ich Lustgestöhne. Ich schrecke zusammen und schließe mich sofort in der Kabine ein. Als ich mich nach hinten werfe, spüre ich etwas an meiner Schulter. Noch ein Geschlechtsteil. Dann ein drittes, dann noch mehr. Selbst wenn ich gewollt hätte, hätte ich sie nicht alle anfassen können, so viele waren es.

Plötzlich wird mir übel bei dieser absurden Szenerie. Ich nehme den Kopf zwischen die Hände und krümme mich zusammen, um sie nicht mehr sehen und spüren zu müssen. Ich bin ein Nichts, nicht mehr als ein Objekt, eine simple Masturbationsmaschine. Es ist ein Albtraum, das darf doch nicht wahr sein. Wenn das der Preis ist, den ich zahlen muss, um nach Paris gehen zu können, dann will ich dort nicht mehr hin, ich will sofort nach Hause.

Ich hebe den Blick zur Kabinendecke. Ich sehe das Auge eines Mannes, das mich betrachtet. Jetzt begreife ich die ganze Perversität dieser Vorrichtung. Ich drehe den Kopf, um nicht dieses durchdringende Auge sehen zu müssen. Mein Blick trifft auf ein anderes Auge. Sie alle beobachten mich, mit ungeduldigem Verlangen fordern sie, meine Hände oder meinen Mund zu spüren.

Ich senke den Kopf und warte, ich presse die Hände auf die Ohren und verschließe mich vor der Welt. Innerlich brülle ich. Ich singe leise ein Lied vor mich hin, um ihr Stöhnen nicht mehr hören zu müssen. Ich bin am Rande eines Nervenzusammenbruchs. Ich weine nicht, der Schmerz, den ich empfinde, ist so tief, dass er keine Träne mehr erlaubt.

Ich weiß nicht, wie lange ich so, den Kopf zwischen den Knien versteckt, ausgeharrt habe, aber als ich aufschaue, sind die Geschlechtsteile nicht mehr da. Hektisch drehe und wende ich mich, um ganz sicher zu gehen. Die Situation ist grauenhaft. Wie lange habe ich gejammert? Zehn Minuten? Eine Stunde? Ich habe keine Ahnung, kann die Zeit nicht mal schätzen.

Ich muss unbedingt raus aus diesem infernalischen Ort, aber ich fürchte, die Perversen könnten draußen auf mich warten und sich auf mich stürzen. Nachdem ich eine Weile gezögert habe, öffne ich vorsichtig das Schnappschloss.

Zu meiner großen Erleichterung wartet niemand auf mich außer Joe. Er setzt ein entzücktes Lächeln auf, wahrscheinlich war eines der Augen, das mich in der Kabine munter beglotzt hat, seines.

»Na, wie fandest du's?«

Ich antworte nicht: Er weiß genau, wie ich es gefunden habe. Ich bin ganz durchgefroren, ich zittere vor Angst. Das Absurdeste an dieser Geschichte ist unbestreitbar, dass ich völlig von ihm abhänge. Es besteht kein Zweifel, dass er sie gebeten hat aufzuhören. Sein Blick verrät sein Gefühl von absoluter Macht. Etwas in seinen Augen lässt mich erahnen, was sich anbahnt. Wenn ich nicht sofort reagiere, werden mich womöglich all diese Männer bespringen. In tiefer Verzweiflung greife ich nach meinen Sachen und nehme Reißaus. Joe und die anderen Männer sehen mich missmutig an. Er will mit mir reden, doch ich höre nichts mehr. Halbnackt, mit meinen Sachen unterm Arm, renne ich aus dem Sexshop. Schon ist Joe hinter mir.

»Beruhige dich, Laura. Ich gebe dir schon mal fünfhundert Euro.«

Ich verliere das Gleichgewicht. Ich spüre, dass ich der Ohnmacht nahe bin. Ich habe das Gefühl, unter Drogen zu stehen oder betrunken zu sein, ich kann mich nicht mehr aufrecht halten, meine Beine tragen mich nicht mehr. Doch ich habe noch genügend Überlebenswillen, um den Umschlag an mich zu reißen.

Schweigend gehen wir zurück ins Hotel. Ich rieche noch den Geruch der Männer auf meiner Haut. Unterwegs reden wir kein Wort. Wenn ich spräche, würde ich Joe ohrfeigen oder ihm ins Gesicht spucken. Ich hasse mich dafür, dass ich nicht begriffen habe, dass er nichts anderes ist als ein alter geiler Bock. Ich will damit Schluss machen, für immer. Ich denke jetzt nur noch an eines: mein Geld zu nehmen und abzuhauen, ganz weit weg. Ich fühle mich unglaublich schmutzig, ich könnte heulen, aber es gelingt mir nicht mehr.

Im Zimmer sage ich ihm: »Ich bleibe nicht. Gib mir sofort mein restliches Geld.«

»Geh unter die Dusche, ich lege den Umschlag aufs Bett. Wir sehen uns am Donnerstag, was hältst du davon?«

Glaubt er denn wirklich, nach all dem, was er mich hat durchmachen lassen, dass ich bereit bin, ihn am Donnerstag wiederzusehen? Selbst wenn mir die fünfhundert Euro nicht reichen, um nach Paris zu gehen, will ich ihn nie mehr sehen. Es kommt gar nicht infrage, dass ich mit so einem Schwein ein neues Treffen vereinbare. Aber es ist besser, ich sage es ihm nicht, wir sind alleine im Zimmer, und da ich jetzt weiß, dass er keine Grenze kennt, will ich ihn nicht provozieren. Er ist womöglich noch in der Lage, mich zu schlagen.

»Ja, wir sehen uns am Donnerstag.«

Ich muss duschen, ich ertrage diesen Geruch nicht mehr. Als ich allein im Badezimmer bin, verbiete ich mir, mich auf den Boden zu setzen, ich stünde sonst nie mehr auf. Ich höre, wie die Tür ins Schloss fällt, Joe ist gegangen. Nachdem ich mir wie eine Besessene eine Viertelstunde lang die Haut und die Haare unter dem heißen Wasser geschrubbt habe, ziehe ich mich wieder an und gehe aus dem Badezimmer.

Wie verabredet liegt für mich ein Umschlag auf dem Bett. Ich öffne ihn, gelockt von diesem Geld, das mich für das Durchlittene trösten soll, und sei es auch nur eine Sekunde lang.

Es sind hundert Euro darin. Ich sehe noch einmal nach: nur hundert Euro. Es fehlen vierhundert. Er hat mich reingelegt. Mir fließen die Tränen, und mein Schluchzen endet in Gebrüll. Wie eine Furie gebe ich mit tränenverhangenem Blick seine Nummer so rasch auf meinem

Handy ein, dass ich mich verwähle, und das gleich dreimal, was mich nur noch rasender macht. Meine Hände
zittern, ich stoße wilde Schreie aus und schlage mit der
Faust gegen die Wand. Sein Handy gibt keine Antwort.
Er ist bestimmt schon weit weg.

Ich drehe den Umschlag um, in der Hoffnung, doch
noch zu finden, was mir zusteht. Nichts. Ich ziehe den
Tisch weg, schüttle heftig die Laken. Verstört schaue ich
mich um, will mich überzeugen, dass er mein restliches
Geld irgendwo hier in diesem schrecklichen Zimmer gelassen haben muss. Definitiv nichts. Stattdessen liegt ein
Brief vor dem Bett, den er, bevor er gegangen ist, unter
den Umschlag gelegt haben muss.

Er muss ihn ganz in Eile geschrieben haben, sicher als
ich unter der Dusche war.

*Laura, du hast gemerkt, statt der vereinbarten fünfhundert
sind nur hundert Euro im Umschlag. Den Rest gebe ich dir
am Donnerstag, wenn wir uns wiedersehen. Ich wollte nur
sichergehen, dass ich dich noch einmal sehe, bevor du nach
Paris abreist. Vertraue mir, du bekommst dein Geld. Hab
noch einen schönen Tag, Laura.*

Außer mir vor Wut werfe ich den Brief auf den Boden.
Dahin Paris, dahin mein neues Leben, ich werde hierbleiben müssen. Ich werde nie den Absprung schaffen, ich
stecke für immer in der Prostitution fest.

Die Rollen haben sich umgekehrt. Heute bin ich die
Geprellte.

Kapitel 21

Flucht

Es ist Donnerstag, ich stehe vor dem Hotel, ohne wirklich daran zu glauben. Natürlich ist Joe nicht aufgekreuzt. Meine Wut hat sich nicht gelegt, nach einer halben Stunde stampfe ich schon mit den Füßen auf und beschimpfe ihn laut. Passanten drehen sich nach mir um, doch ich bemerke es nicht, ich habe nur eines im Kopf: Ich will mein Geld.

Als ich wieder zu Hause bin, hinterlasse ich ihm eine explosive Nachricht auf seinem Telefon, auf dem ich ihn noch immer nicht erreiche. Ich schreie hinein, er täte gut daran, mich zurückzurufen und mir meine Kohle zu geben. Drei Tage lang Funkstille. Drei Tage, an denen ich mein Schicksal beklage und heule, sobald ich an Paris denke. Ich sehe nur einen verschwommenen Eiffelturm vor mir und all meine schönen Pläne in Trümmern.

Drei Tage später klingelt mein Telefon.

»Laura?«

Ich erkenne seine Stimme sofort. Mir stockt das Blut in den Adern.

»Scheiße, Joe, du hast mich verarscht, ich will, dass du mir auf der Stelle mein Geld bringst.«

Ich brülle in den Hörer. Zum Glück bin ich allein in meiner Wohnung.

»Ich weiß, Laura, ich weiß. Warte, lass es mich dir erklären ...«

»Was erklären? Du bist ein Arschloch, du gibst mir sofort meine Kohle!«

»Laura, ich bin gerade nicht zu Hause. Ich hatte eine Herzattacke, ich bin in der Reha hier im Süden, in der Nähe von Perpignan.«

Ich halte kurz inne mit meinen Beschimpfungen.

»Ich wollte es dir überweisen, aber meine Frau hat mein Konto gesperrt. Ich glaube, sie ahnt etwas.«

Die alte Laura hätte ihm ohne Weiteres geglaubt. Die neue Laura, geboren an dem Tag, als sie hereingelegt wurde, lässt sich nicht einwickeln von diesem Lügengeflecht.

»Ich glaube dir nicht, Joe, das läuft nicht. Gib mir mein Geld.«

»Laura, ich sage die Wahrheit, ich bin sehr krank, ich habe Krebs. Ich habe nicht mehr lange zu leben.«

Dieser Satz lässt mich schaudern. Ich gebe zu, dass mich bei dieser Nachricht Mitleid überkommt, trotz allem, was er mir angetan hat. Dieses Gefühl dauert jedoch nicht länger als eine Sekunde, dann hasse ich ihn wieder. Er sagt:

»Laura, hör zu. Morgen verlasse ich diesen Ort. Wir müssen uns sehen, damit ich dir dein Geld geben kann. Ich gebe es dir, versprochen. Und außerdem möchte ich dich wirklich sehen.«

Ich hänge auf. Ich glaube ihm nicht mehr. Ich werde ihm nie mehr glauben.

Kapitel 22

Zudringlichkeit

17. April 2007

Zwei Wochen nach der Begebenheit mit Joe komme ich
voll beladen vom Einkaufen nach Hause. Einmal ist kein
Mal, ich bin es leid, immer nur zu darben. Es gibt noch
einen anderen Grund. Ein Freund wohnt vorübergehend
bei mir, und wir haben beschlossen, uns ein königliches
Mahl zu gönnen. Tandoori-Hühnchen mit Wildreis. Ich
möchte vor allem nicht, dass er merkt, dass ich nichts in
meinem Vorratsschrank habe. Wir werden es uns schme-
cken lassen, mir läuft jetzt schon die Spucke zusammen.
Ich bin bestens gelaunt, und singend halte ich dem Gewicht der Plastiktüten stand.

Zu Hause stelle ich die Lebensmittel in der Küche ab
und begrüße rasch meinen Mitbewohner auf Zeit. Als wir
das Essen vorbereiten, sagt er: »Vor einer halben Stunde
hat jemand versucht, dich auf dem Festnetz zu erreichen.
Ich habe ihm gesagt, er solle später noch mal anrufen.«

»Hat er seinen Namen genannt?«

»Nein. Er hat gesagt, er sei ein alter Freund. Offenbar
hat er lange nichts von dir gehört, er wollte wissen, wie
es dir geht.«

»Gut, wenn es wichtig ist, meldet er sich noch mal.«

Eine Stunde später, wir sind gerade beim Essen, klingelt das Telefon wieder. Ich stehe auf, um abzuheben. Ich

erkenne seine Stimme auf Anhieb. Pierre. Der schlaffe Unternehmer. Der Pantoffel-James-Bond.

»Laura, hier ist Pierre.«

»Woher hast du meine Nummer?«, frage ich barsch.

Plötzlich fällt mir alles wieder ein: der Imbiss, die Kippe, die ich geraucht habe, meine offene, leicht zugängliche Handtasche. Mehr will ich gar nicht wissen, will nicht verstehen, warum er sich so lange Zeit gelassen hat, mich anzurufen: Das Ergebnis spricht für sich, er hat meine Festnetznummer, was logischerweise bedeutet, dass er auch meine Adresse hat. Panik steigt in mir hoch, und die ersten Worte, die aus meinem Mund dringen, sind eine Drohung.

»Du rufst mich nie mehr unter dieser Nummer an, hörst du?«

»Ja, aber du bist selbst schuld. Du hast gesagt, du würdest mich wieder kontaktieren, und dann tust du es nicht! Ich will dich wiedersehen, Laura!«

Dieser Typ ist verrückt, und es ist ganz offensichtlich, dass ich ihm all die Monate nicht aus dem Sinn gegangen bin. Ich flippe total aus, dieser Mann steht vielleicht jetzt gerade, während wir telefonieren, unten vor der Tür, er ruft mich vielleicht von meiner Straße aus an, von vor meinem Haus ...

»Pass mal auf, das ist ganz einfach, wenn du mich nicht in Ruhe lässt, rufe ich in deinem Büro an, und es wird mir eine Freude sein zu erzählen, wie du dich über neunzehnjährige Prostituierte hermachst! Wenn du wagst, mich noch einmal anzurufen, mach ich dich fertig.«

Die Drohung hat Früchte getragen. Schweigen in der Leitung. Ich hänge auf, bevor er auch nur ein Wort entgegnen kann.

In den nächsten Tagen quält mich ständig die Angst, ich könnte ihn, wenn ich aus dem Haus gehe, unten vor der Tür treffen. Immer wieder drehe ich mich nach Leuten auf der Straße um, in der Überzeugung, ihn unter den Passanten gesehen zu haben. Ich weiß, dass er nicht aufgegeben hat, denn jedes Mal, wenn ich meinen Anrufbeantworter abhöre, nennt mir die Computerstimme die Anzahl seiner Anrufe, zum Beispiel: »Dieser Teilnehmer hat heute sechsundzwanzigmal versucht, sie zu erreichen. Er hat keine Nachricht hinterlassen.« Sechsundzwanzigmal! So ein Spinner! Nachdem mir der Anrufbeantworter zum x-ten Mal mitgeteilt hat, dass Pierrot le Fou sich wieder gemeldet hat, beschließe ich, die letzte Nummer zurückzurufen. Es meldet sich eine junge Frau, die mir sagt, Pierre Sowieso sei nicht da und ich solle es morgen Vormittag noch einmal probieren. Mir wird klar, dass er alle seine Anrufe von seinem Arbeitsplatz aus macht, und da ich jetzt seinen Nachnamen kenne, bin ich fest entschlossen, ihm das Leben schwerzumachen. Wie blöd von ihm. Er meint bestimmt, ich würde die Auseinandersetzung mit ihm nicht wagen.

Am nächsten Morgen wähle ich seelenruhig seine Nummer, ich habe einen Plan. Er ist selbst dran. Ich ahne, wie ihm die Kinnlade herunterfällt, als er meine Stimme hört.

»Hör mir gut zu, Pierre. Ich möchte dir nur ankündigen, solltest du jemals, und sei es auch nur ein einziges Mal, versuchen, mit mir wieder Kontakt aufzunehmen, verständige ich sofort die Polizei.«

»Warum solltest du so etwas tun?«

»Weil du, als du dir meinen Namen beschafft hast, dich hättest vergewissern müssen, ob ich wirklich bereits volljährig bin.«

Ich höre, wie ihm der Atem stockt. Er zischt leise: »Scheiße.« Verführerisch stammelt er: »Ach, entschuldige, Laura, ich wollte dich doch nur wiedersehen ...«

Ich bin am Ende. Ich habe mich von Joe um eine gewaltige Summe betrügen lassen, mein Umzug nach Paris ist ernsthaft gefährdet, da kann ich einen bescheuerten apathischen Geschäftsmann, der mir den letzten Nerv tötet, nicht brauchen. Ich schreie in den Hörer und lasse meine ganze Wut an ihm aus.

»Ich werde dich wegen sexueller Belästigung verklagen! Ich kenne deine Adresse, deine Telefonnummer, ich weiß alles über dich, und ich werde davon Gebrauch machen, wenn du mir noch einmal zu nahe kommst!«

»Aber du bist doch eine Nutte, Laura.«

So ein Arschloch. Er hat es so gewollt, Drohungen reichen offenbar nicht. Ich beschließe, meinen Plan umzusetzen.

»Ach, und du weißt nicht, dass die Polizei sie beschützt?«, sage ich spöttisch.

Das trifft zwar für sich prostituierende Studentinnen nicht zu, aber was soll's. Pierre hat viel zu viel Angst, um es nachzuprüfen.

»Nie mehr, hörst du, nie mehr rufst du mich an oder schreibst mir eine Mail. Du verschwindest aus meinem Leben, wie du hineingeraten bist: innerhalb von zwei Sekunden!«

Ich knalle den Hörer auf. Ich muss nicht seine Zustimmung abwarten, um das Gespräch zu beenden. Ich weiß, dass ich ihn los bin. Es ist beschlossene Sache: Kohle oder nicht, ich schwöre mir, diese Stadt so schnell wie möglich zu verlassen.

Kapitel 23

Exil

19. April 2007

Ich kann kaum stillsitzen vor meinem spanischen Text. Es ist fünf Uhr nachmittags, und dieses Seminar ist das letzte, das ich an der Universität von V. besuche. Gestern Abend habe ich mein Ticket nach Paris gekauft. Ich werde morgen mit dem Zug um 12 Uhr 47 fahren und zwei Stunden später in der Hauptstadt ankommen.

Vor meinem Arbeitsblatt ist mir zum Heulen zumute. Ich kann nicht glauben, dass heute Abend alles vorbei sein soll. In einer Stunde bin ich nur noch eine Studentin auf der Flucht. Ich kann mir zwar immer wieder sagen, dass ich, so wie die Dinge liegen, keine Wahl habe, dass meine Abreise nach Paris lebenswichtig ist, und doch erlebe ich dieses Verlassen der Stadt wie eine Niederlage. Wieder einmal habe ich ein Studienjahr nicht zu Ende gebracht, ich habe das Gefühl, dass mich mein Schicksal einholt, dass ich nicht dafür geschaffen bin, in einer Klasse zu sitzen und einem Prof zuzuhören. Doch in diesem Fall liegen die Dinge ganz anders als in meinem letzten Schuljahr, aber es ist stärker als ich: Weggehen zu müssen gibt mir das Gefühl, versagt zu haben.

Weil ich keine Ermäßigungskarte habe, hat mich das Zugticket viel Geld gekostet, aber wenn das der Preis ist, den ich zahlen muss, um in Sicherheit zu sein, bin ich gerne bereit, mein Sparschwein zu schlachten. Die größte Härte ist, die Uni zu verlassen. Dazu kann ich mich kaum durchringen. Ich liebe dieses Studentenleben, ich gehe gerne jeden Tag in die Uni, um zu lernen. Auch wenn ich alles habe tun müssen, was ich getan habe, habe ich mich auf dem Campus immer wohlgefühlt. Ich verzichte jedoch nicht auf mein Studium. Ich bin fest entschlossen, dieses Studienjahr abzuschließen, koste es, was es wolle, ob nun anwesend oder nicht. Ich habe nie in Betracht gezogen, alles aufzugeben, ich habe in diesem Jahr viel zu viel gegeben, um alles im letzten Moment über Bord zu schmeißen. All diese Freier, all diese Torturen hatten im Grunde genommen doch nur einen einzigen Grund: weiterstudieren zu können, sich nicht von vornherein geschlagen zu geben.

Ich musste eine zuverlässige, vertrauenswürdige Person finden, die mir die Skripten der Uni-Veranstaltungen per Post schickt. Mir ist sofort eine Kommilitonin eingefallen. Ich kenne sie nicht besonders gut, wir sind nur Studienkolleginnen. In fast allen Veranstaltungen setzen wir uns automatisch nebeneinander, wir verstehen uns ziemlich gut, auch wenn ich sie nie außerhalb der Universität gesehen habe. Ich habe schwindeln müssen, um ihr meinen Umzug zu erklären, eine Familienangelegenheit. Das erschien mir am plausibelsten. Es war mir peinlich, sie anzulügen, aber auch hier blieb mir nichts anderes übrig. Gegen eine Vorauszahlung für die Portokosten und Fotokopien hat sie sich bereit erklärt, mir alle Unterlagen zu schicken.

Die im Unterricht zu bewältigenden Aufgaben zählen nicht für das Endergebnis, und mit meinem ärztlichen Attest können mir die Professoren meine Abwesenheit von den Seminaren nicht zum Vorwurf machen. Obwohl ich weiß, dass ich die Uni nicht ganz aufgebe, bin ich traurig. Die ganze kleine Welt, von der ich im September träumte, ist zusammengestürzt. Mir ist zum Heulen, weil ich den Eindruck habe, Opfer einer Ungerechtigkeit zu sein; mir ist zum Heulen, weil meine Hoffnungen sich zerschlagen haben. Ich werde die Uni aus der Ferne fortsetzen, aber schaffe ich es? Bin ich stark, bin ich diszipliniert genug?

Gestern habe ich meinen Job gekündigt. Auch das hat mir einen Stich ins Herz gegeben, nicht weil ich eine Arbeit hinter mir lasse, die mir gefallen hätte – ganz im Gegenteil –, sondern weil sie mir immer eine Ausflucht war. Sie hat mir erlaubt, aus dem Haus zu gehen, mich in die Arbeit zu vertiefen und nicht mehr an mein Leben zu denken. Insgesamt habe ich mich mit meinen Kollegen gut verstanden, und sie haben mir oft geholfen, wenn ich etwas nicht konnte. Mein Chef hat sich nicht wirklich dafür interessiert, warum ich aufgehört habe. Er sieht jedes Jahr Dutzende Studentinnen kommen und gehen; also nichts Ungewöhnliches.

Ich weiß nicht, was mich in Paris erwartet. Vielleicht wird es dort nicht besser sein, vielleicht halte ich es nicht einmal zwei Wochen alleine aus. Ich weiß, dass ich mich am Anfang wieder ziemlich abrackern muss. Ich werde herumlaufen müssen, um eine Arbeit zu finden. Ich werde mich auch wieder daran gewöhnen müssen, mit jemandem zusammenzuwohnen, den ich zudem nicht kenne. Und vor allem ist da niemand, der mir hilft, mich unterstützt und tröstet, wenn ich mal niedergeschlagen bin. Ich bin bereit, mich all dem zu stellen, denn es geschieht mit Blick auf eine saubere Zukunft, auf etwas Besseres.

Die Prostitution hat mir nur Allerschlimmstes eingebracht.

Ich habe die Freundin meiner Mutter, bei der ich unter-
kommen werde, benachrichtigt, doch sie kann mich nicht
vom Bahnhof abholen. Da sie in der Banlieue wohnt, hat
sie mir den Regionalzug genannt, den ich nehmen muss,
um zu ihr zu gelangen. Es ist natürlich nur eine Über-
gangslösung, sie hilft mir nur aus der Klemme. Ich muss
rasch eine eigene Bleibe finden, egal, was, eine Wohngemeinschaft, ein Zimmerchen. Obwohl ich völlig mutlos
bin, habe ich das Gefühl, dass nichts so hart sein kann wie
all das, was ich hier in V. durchlebt habe.

Über mein Arbeitsblatt gebeugt, lausche ich nicht
dem Seminar. Ich sollte meine letzten Stunden in diesem
majestätischen Hörsaal genießen, doch finstere Gedanken kreisen in meinem Kopf. Ich denke an den heutigen
Abend, an meine Koffer, die ich alleine packen werde.
An die Uni-Unterlagen und Bücher, die ich mitnehmen
muss, um weiterstudieren zu können. Ich hänge so sehr
an ihnen, dass ich sie für nichts auf der Welt hierlassen
würde, selbst wenn mein Koffer eine Tonne wiegen sollte.
Und dann die Kleider, sie sind nicht so wichtig, in diesem Jahr habe ich aufs Shoppen ziemlich verzichtet. Seit
September habe ich mehr denn je lernen müssen, Prioritäten zu setzen.

Meine Wohnung halte ich noch bis zum Monatsende,
schließlich habe ich die Miete bezahlt. Sie steht dann zwar
leer, aber egal. Später wird mein Vater mit einem Freund
die Möbel abholen. Ich habe auch meine Vermieterin über
meinen Umzug informiert, das hat sie natürlich nicht
gefreut, doch ich habe ihr versichert, ich würde schnell
einen Nachmieter finden. Sie hat mich nie sonderlich ge-

schätzt, und im Übrigen verstehe ich sie, weil ich trotz all meiner Anstrengungen die Miete oft erst mit Verspätung gezahlt habe. Ich habe in der Uni eine Anzeige für ein freies Appartement ausgehängt. In V. dürfte es nicht schwer sein, selbst zu diesem Zeitpunkt. Eigentlich ist es mir schnurzegal. Ich habe im Moment wirklich anderes im Kopf.

Das Seminar dauert nur noch zehn Minuten. Die Leute werden schon unruhig, sie wollen nach Hause. Ich würde mich am liebsten an meinem Stuhl festklammern und nicht gehen müssen. Das können sie nicht verstehen. Nicht eine Sekunde können sie sich vorstellen, was ich in diesem Jahr habe tun müssen, um meine dauernden Katastrophen abzuwenden. Das allgemeine Gemurmel übertönt die Stimme des Profs, der resigniert beschließt, die Stunde zu beenden. Er weiß sicherlich, dass nach einer bestimmten Uhrzeit die Gehirne der Studenten sich gegen jedes Lernen verschließen und sich auslüften müssen.

Die Leute springen auf, als sie den Professor sagen hören: »In der nächsten Woche.« In gewohnter Manier werfe ich die Seminarunterlagen nachlässig in meine Tasche. Dann stehe ich langsam auf, ziehe meine Jacke an und gehe aus dem Hörsaal, als wäre es ein ganz normaler Tag.

Vor der Tür umarme ich meine Studienfreundin, die mir die Uni-Unterlagen schicken wird. Sie wünscht mir mit einem Anflug von Mitgefühl in den Augen viel Glück. Ich habe sie zwar über den Grund meines Weggehens belogen, aber dennoch habe ich ihr Mitgefühl verdient.

Ich sage mir, im Grunde ist es nicht so feige von mir wegzugehen. Im Gegenteil, es ist eine kluge Entscheidung, ich riskiere viel zu viel, wenn ich in V. bleibe. Ich habe hier keinen richtigen Platz mehr. Wenn ich bliebe, würde ich den Ausstieg nicht schaffen. Wenn ich gehe, habe ich eine Chance, mir ein neues Leben aufzubauen. Hier ist alles unmöglich geworden.

Ich zwinkere meiner Freundin zu und gehe zur Metro wie nach jedem normalen Uni-Tag.

Kapitel 24

Der Anfang

24. April 2007

Für April ist es unglaublich heiß in Paris. Ich habe meinen Koffer in Panik gepackt, ich habe nicht all meine leichten Sachen mitnehmen können. Das ist mir so was von egal. Es ist eben heiß, aber ich habe mein Ziel, V. hinter mir zu lassen, erreicht.

Und wieder muss ich mich abrackern, wie ich es schon vorausgesehen habe. Meine zwei Ziele sind, zuallererst eine Arbeit zu finden und dann, wenn ich mich gefestigt habe, eine Wohnung. Ich gebe mir zwei Wochen, um einen Job aufzutun, egal, welchen. Nach Ablauf dieser Zeit müsste ich meine Niederlage eingestehen und nach V. zurückkehren. Ich kann die Gastfreundschaft von Sandra, der Freundin meiner Mutter, nicht überstrapazieren.

Allein schon der Gedanke, ich müsste zurück nach V., lässt mir das Blut in den Adern stocken und motiviert mich doppelt, so schnell wie möglich etwas zu finden. Seit einer Woche tue ich nichts anderes. Mit meinem Lebenslauf unterm Arm habe ich die Restaurants und die Anzeigen abgeklappert, um ganz schnell eine Arbeit zu finden. Um dieser fürchterlichen Lösung keine Zeit zu lassen, sich wieder in meinem Kopf breitzumachen. Bis jetzt war ich stark, getragen von der großen Hoffnung, dass Paris mein Exil ist, wo mich niemand als Prostituierte kennt und wo ich von vorne anfangen und ein neues Leben beginnen kann.

Das Zusammenwohnen mit Sandra klappt im Augenblick sehr gut. Sie hat mich mit offenen Armen aufgenommen und war ganz froh, in ihrer Wohnung ein bisschen Gesellschaft zu haben. Da sie früher mit meiner Mutter eng befreundet war, entzückt es sie, die Tochter kennenzulernen. Heute ist sie um die fünfzig, und die Bürden ihres Lebens haben sich in ihr Gesicht gegraben. Sie arbeitet den ganzen Tag als Buchhalterin in einem Unternehmen für Elektrogeräte und hasst ihren Job. Oft kommt sie müde nach Hause, erschöpft von ihren Kollegen und den Unmengen von Zahlen, die sie den ganzen Tag hat auflisten müssen. Ich finde sie dennoch attraktiv, vor allem wenn sie von der Arbeit nach Hause kommt und ihr blond gefärbtes Haar zu einem Knoten aufsteckt. Sie führt ein ruhiges Leben, es mangelt ihr an nichts, sie ist aber weit davon entfernt, reich zu sein. Ihre Wohnung hat nichts Luxuriöses, die Möbel sind größtenteils aus zweiter Hand, doch sie hat sie mit Stoffen in warmen Farben sehr gemütlich gestaltet.

Abends essen wir oft zusammen, und sie hat mir sogar geholfen, Bewerbungsschreiben für die Arbeitssuche zu verfassen. Eines Abends hat sie mir anvertraut, dass sie sich in den ersten Jahren nach der Universität genau wie ich abrackern musste. Ich frage mich, ob sie jemals die Prostitution als Ausweg in Betracht gezogen hat. Wäre es der Fall gewesen, hätte ich darin seltsamerweise einen gewissen Trost gefunden, ich hätte dann das Gefühl gehabt, nicht die Einzige zu sein.

Ich fühle mich wohl bei ihr, obwohl mir mein unabhängiges Leben in meiner eigenen Wohnung fehlt. Sie hat ihr Wohnzimmer umgestellt, um mich bei sich aufzunehmen, und hat das Schlafsofa ausgeklappt. Jeden Morgen baue ich es höflich zusammen, da ich so wenig wie möglich stören möchte.

Seit meiner Ankunft habe ich mich noch nicht richtig auf die Wohnungssuche konzentrieren können. Da ich keine Arbeit habe, kann ich keinerlei Mietgarantie in meinen Unterlagen vorweisen, es wäre von vornherein aussichtslos. Ich mache lieber alles zu seiner Zeit, bin mir aber bewusst, dass ich eben davon nicht viel habe. Dennoch ist mir gerade Sandras Freundlichkeit eine Aufforderung, nicht zu lange bei ihr zu bleiben. Ich weiß aus Erfahrung, dass das Verhältnis zwischen zwei Menschen in solchen Situationen, wo der eine dem anderen etwas schuldig ist, sich schneller trübt, als man glaubt. Ich fühle mich schon recht unbehaglich, dass ich von jemandem abhängig bin, und es kommt nicht infrage, dass ich durch meine Gegenwart auch in ihr dieses Gefühl auslöse.

Die Angst kehrt zurück. Ganz allein in Paris, weit weg von meiner Familie und meinen Freunden, habe ich keinerlei Halt. Ich muss mich schnell entscheiden: entweder zurück nach V. und mir meine Niederlage eingestehen oder hier in Paris aktiv werden. Ich entscheide mich für die Aktion. Der Gedanke, nach V. zurückgehen zu müssen, lähmt mich. Ich habe schon so viel Schlimmeres in meinem Leben durchgemacht, ich kann noch standhalten.

Bis jetzt hat noch niemand wegen eines Jobs zurückgerufen. Das geht nun schon seit einer Woche so, und langsam werde ich panisch. Meine Taschen sind leer, und ich bin mir nicht sicher, ob ich mit dem wenigen Geld, das mir noch bleibt, bis zum Ende der Woche durchkomme.

Auch meine Vergangenheit holt mich ein. Joe hört nicht auf, mich zu bedrängen. Täglich hinterlässt er mir Nachrichten, fleht mich an, ich möge nach V. zurückkommen, und verspricht sogar, mir das Zugticket zu bezahlen. Er behauptet, er müsse mich noch einmal sehen, bevor er sterbe. Seine Preisangebote sind so maßlos, dass sie unglaubwürdig klingen. Ich ignoriere alle seine Anrufe und weiche seiner Begierde aus: Wenn mein Telefon klingelt und keine Nummer angezeigt wird, gehe ich einfach nicht dran. Doch ich muss gestehen, dass ich mehr als einmal versucht war, alles hinzuschmeißen und zurückzukehren, um den Geruch dieses Geldes zu schnuppern.

Ich merke immer deutlicher, dass mein Bedürfnis, einen Schlussstrich unter meine Vergangenheit zu ziehen, sich nicht umsetzen lässt, wenn ich nicht darüber rede. Nachts kann ich nicht einschlafen. Ich wälze mich endlos im Bett herum, Schreckensbilder laufen vor meinen Augen ab. Ich weine oft, da mir klar wird, dass ich mein ganzes Leben lang mit dieser Erfahrung umgehen muss. Reden, ja, aber mit wem? Ich klicke mich in alle Diskussionsforen über studentische Prostitution ein, ohne je Antworten auf meine Fragestellungen zu finden. Im Gegenteil, manche Mädels, die diese Seiten besuchen, greifen mich an, da ich es gewagt habe, den Gedanken zu äußern, die Prostitution sei unter den Studenten eine wahre Plage. Sie machen so unsinnige Äußerungen, meilenweit entfernt von dem, was ich empfunden habe, dass ich mich schon bald gar nicht mehr hinklicke, dieser Weg kann mir bei meiner psychischen Befreiung nicht helfen.

In den Stunden meiner Schlaflosigkeit finde ich nur

Zuflucht im Schreiben und Studieren. Meine Abende und Nächte, wenn alles still ist, verbringe ich mit dem Niederschreiben meiner Geschichte und meiner Gefühle. Ich schreibe stundenlang und denke dabei an nichts anderes mehr. Allmählich wird mir bewusst, dass ich den ganzen Schrecken banne, der mich innerlich zerfrisst. Je mehr ich in die Tasten des Laptops, den Joe mir geschenkt hat, tippe, umso mehr Abstand gewinne ich zu meinem Leben. Endlich habe ich wieder einen Funken Hoffnung, eines Tages werde ich es schaffen. Vielleicht bin ich dann keine Nutte mehr.

Ich arbeite auch mehr für die Uni denn je, mehr als zu der Zeit, als ich noch in den Hörsälen von V. saß. Ich will mir nicht alles vermasseln, meine Zukunft erscheint mir unglaublich unsicher. Diese Woche habe ich per Post die ersten Uni-Skripten erhalten, was mich sehr gefreut hat. Meine Studienfreundin hat mich nicht vergessen. Ich bewahre mir meine Hoffnung, so gut ich kann: Sollte ich in Paris eine gute Arbeit finden, lege ich Geld beiseite und schreibe mich hier an der Universität ein. Ich schaffe es bestimmt. Mein turbulentes Leben hat mir den nötigen Biss gegeben, ich weiß, was Fron bedeutet, und ich will nicht wieder dahinein zurückfallen. Manchmal weine ich auch vor einer Übung, vor einem Text, den ich nicht verstehe. Ich denke mir, mein Vater hat recht, ich habe die Dinge nie so gemacht, wie es notwendig gewesen wäre. Vielleicht stimmt das, aber ich habe sie so gemacht, wie ich konnte, mit dem, was ich hatte, und das war fast nichts. Man kann mich tadeln, mich verurteilen, ich kann die Zeit nicht zurückdrehen. Im Gegenteil, ich habe immer nur für meine Zukunft gelebt, ich habe mich nur prostituiert, um weiterstudieren zu können. Man kann mich tadeln, ja, aber ich habe mich nie geschlagen gegeben.

Heute erlaube ich mir nicht, deprimiert zu sein, ich muss zu vieles erledigen und unternehmen. Zu vieles, das mir gelingen muss.

Kapitel 25

Abhängigkeit

17. Juni 2007

Der letzte Monat in Paris war intensiv. Meine Arbeitssuche hat nach zwei Wochen Früchte getragen, genau am Ende der Zeit, die ich mir zugebilligt hatte. Letztendlich ist es mir geglückt, einen Job als Kellnerin in einem schicken Restaurant mitten in der Stadt zu ergattern. Ich wohne noch immer bei Sandra, und die Fahrten zwischen meinem Arbeitsplatz und ihrer Wohnung ermüden mich sehr, aber zumindest verdiene ich Geld. Um die lange Fahrzeit zu nutzen, lese ich in der Metro die Uni-Skripten, die ich morgens, bevor ich aus dem Haus gehe, in die Tasche stecke. Ich zwinge mich zur Konzentration, obwohl mir die Augen zufallen. Ich habe keine festen Arbeitszeiten, und manchmal habe ich erst spät in der Nacht Schluss, wenn keine Metro mehr fährt. Beim ersten Mal habe ich mir ein Taxi genommen. Ich hatte nicht wirklich die Wahl, ich kenne meine Kollegen nicht gut und wollte sie nicht fragen, ob ich bei ihnen übernachten könne. Als ich die Summe auf dem Taxameter gesehen habe, habe ich mir geschworen, es nie mehr wieder zu tun. Ich kann unmöglich das ganze Geld, das ich verdiene, fürs Taxi ausgeben, um nach Hause zu kommen.

Wieder stehe ich vor einem Teufelskreis: Ich habe eine Arbeit, ja, aber wenn ich nicht die Abendschicht wahr-

nehmen kann, werde ich sie bald nicht mehr haben. Ich
klappere also alle Kleinanzeigen wegen einer Wohnung
ab. Ich hatte geglaubt, in V. schon das Schlimmste gesehen zu haben, was das Preisniveau angeht, aber in Paris ist
es die Hölle. Ich finde nichts, was meinem mageren Portemonnaie entspricht, nicht einmal ein Zimmerchen. Die
Mitwohngelegenheiten sind manchmal erschwinglicher,
aber die geforderten Kautionen sind sehr hoch, manchmal
höher als für eine Wohnung. Vermutlich üben die Eigentümer mehr Druck auf die Mieter aus, damit sie rechtzeitig bezahlen: Je höher die Anzahl der Mieter, desto größer
das Risiko, dass sie ihr Geld nicht bekommen.

Anfangs sagte Sandra immer: »Mach dir keine Sorgen,
du kannst so lange bleiben, wie du willst, du störst mich
überhaupt nicht!« Angesichts meines dringenden Bedürf-
nisses, nahe an meiner Arbeitsstelle zu wohnen, hat sie
mir geholfen, so gut sie konnte. Sie hat Freunde und Bekannte gefragt, ob sie nicht ein freies Zimmer hätten,
Nichts, nicht einmal eine Abstellkammer, in die ich mich
hätte flüchten können.

Ihre Freundlichkeit hat sich nach und nach in reine Höflichkeit verwandelt. Als sie sah, dass meine Wohnungssuche nicht vorankam, wurde sie immer distanzierter mit
mir, was menschlich ist. Wir essen nicht mehr gemeinsam,
nur selten richtet sie das Wort an mich. Wie befürchtet,
wird ihr meine Anwesenheit zur Last. Ich merke deutlich, dass ich sie störe. Ihre Wohnung ist nicht sehr groß,
und dass ich ihr Wohnzimmer belege, macht es nicht
besser.

Eines Abends komme ich wie üblich sehr spät von der
Arbeit. Ich bin erschöpft und will nur eines: sofort ins
Bett. Sie sitzt mit zwei Freundinnen im Wohnzimmer,

nach einem gemeinsamen Abendessen reden sie bei einem Glas Wein. Als sie mich sieht, zieht Sandra ein Gesicht, das ausdrückt: Ihr wäre lieber, wenn ich nicht da wäre und sie in Ruhe mit ihren Freundinnen plaudern könnte. Ich bin tief betrübt und versuche, mich ganz klein zu machen, ich husche ins Badezimmer und stelle mich unter die Dusche. Als ich wieder herauskomme, sind ihre Freundinnen weg.

»Sind deine Freundinnen nach Hause gegangen?«

»Ja, wir konnten ja im Wohnzimmer nicht mehr weiterreden, denn du schläfst ja da.«

Ich habe die Grenze dessen, was sie ertragen kann, überschritten. Ohne ein Wort lege ich mich schlafen, nachdem ich das Sofa aufgeklappt habe. Ich weiß, dass ich morgen ausziehen muss, bevor mich Sandra entnervt vor die Tür setzt.

In der Arbeit frage ich eine Kollegin, die eine große Wohnung in Paris hat, ob ich eine Zeit lang bei ihr wohnen könne. Wir verstehen uns gut, ich weiß, sie wird nicht ablehnen. Ich hasse solche Situationen.

»Nicht für lange, nur bis ich etwas Annehmbares gefunden habe.«

Mit einem Lächeln auf den Lippen willigt sie ein. Oft ist es anfangs so, dass die Leute Ja sagen und froh sind, nicht mehr alleine in ihrer Wohnung zu sein, doch nach einer Weile merken sie, dass sie ihre Bequemlichkeit vorziehen. Außerdem tritt man sich in Paris, wo die Wohnungen oft sehr klein sind, schnell auf die Füße. Ich weiß, diese Lösung ist nur eine vorübergehende, ich muss schnell eine andere finden. Ihretwegen, aber auch meinetwegen. Ich kann nicht länger, ich will nicht länger von anderen abhängig sein.

Als ich an diesem Abend nach Hause komme, packe ich meine Koffer. Sandra, die erstaunt ist über meinen schnellen Entschluss, nimmt mich in den Arm. Bestimmt ist auch sie betrübt über meine Situation, und vielleicht hat sie ein Schuldgefühl. Aber ich weiß, wenn ich erst einmal ausgezogen bin, wird sie das machen, was sie seit einem Monat nicht hat tun können: sich auf ihr Sofa fläzen und ihr wiedergewonnenes Alleinsein genießen.

Immer wieder in die Klemme zu geraten führt oft zu finsteren Gedanken: Und wenn ich alles hinschmeiße? Und wenn ich auf Joes Vorschlag eingehe? Ich würde dieser ganzen Plackerei entkommen. Ich weiß, im Grunde genommen ist diese Lösung keine, sie ist nur provisorisch. Sie glänzt wegen des Geldes, das sie einem bietet, aber schaut man näher hin, wird sie schmutzig und gefährlich.

Ich rufe meine Studienfreundin an, die mir die Skripten schickt, und gebe ihr meine neue Adresse. Wieder fragt sie nicht nach. Umso besser, denn ich sehe mich nicht in der Lage, eine neue Lüge zu erfinden. Sie paukt kräftig und gerät wegen der näher rückenden Prüfungen langsam in Panik.

»Laura, du kommst doch für das Examen. Wenn du willst, kannst du bei mir wohnen.«

Aber natürlich, antworte ich und danke ihr für ihr Angebot, das ich annehmen werden muss, weil ich nicht weiß, wo ich ansonsten während dieser Woche der Teilprüfungen im Mai hingehen könnte.

Ich muss mit dem Chef des Restaurants verhandeln, ich arbeite zwei Wochen lang zwölf Stunden pro Tag, um die Woche meiner Abwesenheit auszugleichen. Mit all meinen Überstunden kann ich mir fünf Tage freinehmen. Das ist genau die Zeit, die ich für meine Prüfungen brauche.

Ich benachrichtige meine Mutter, dass ich komme, sage ihr aber auch, dass ich keine Zeit haben werde, sie und meinen Vater zu besuchen. Natürlich ist sie sehr enttäuscht, aber im Grunde genommen weiß ich, dass sie gleichzeitig sehr stolz auf ihre Tochter ist, die sich nie aus der Fassung bringen lässt und Verantwortungsgefühl zeigt.

Die Prüfungswoche gibt mir den Rest. Ich will nur noch eines: mich in ein Bett legen, stundenlang schlafen und mir über all das keine Sorgen mehr machen müssen. Dennoch gönne ich mir keine Ruhe, bis spät in die Nacht arbeite ich mit meiner Freundin. Wir motivieren uns gegenseitig. Der Mensch hält viel aus, und das Wissen, dass mein Uni-Jahr bald vorbei sein wird, verhindert, dass ich vor Müdigkeit umfalle. Ich möchte unbedingt die Prüfungen bestehen, es wäre zu ungerecht nach all dem, was ich durchgemacht habe, wenn ich sie nicht schaffte. Ich habe zu viel gelernt, zu viel gepaukt, um im letzten Augenblick zusammenzuklappen. Ich verbiete es mir. Ich habe in diesem Jahr alles gegeben, bis hin zu meinem Körper. Scheitern kommt nicht in Frage.

Nach den Prüfungen und nachdem ich meiner Freundin herzlich für ihre Gastfreundschaft und ihre Unterstützung gedankt habe, springe ich in den Zug nach Paris. Sie hat mir keine Fragen gestellt, sicherlich aus dem Gedanken heraus, dass mein Privatleben nur mich etwas angeht.

Ich fange gleich wieder an zu arbeiten, immer noch in diesem maßlosen Rhythmus. Mir bleibt nicht einmal die Zeit, an die Ergebnisse zu denken, an die Arbeiten, die ich abgegeben habe. Ich habe mein Bestes gegeben, ich muss nur noch warten.

Als ich einige Tage später vor meinem Computer sitze,

warte ich darauf, dass die Ergebnisse bekannt gegeben werden. Seit zwei Wochen habe ich dieses Datum im Kopf. Ich tippe meine Matrikelnummer ein, die mir in wenigen Sekunden Zugang zu meinen Ergebnissen verschafft. Ich zittere, ich bin voll im Stress. Und wenn ich durchgefallen bin? Vielleicht habe ich mit meinen Aufsätzen nicht überzeugen können. Meine Müdigkeit und mein Überdruss könnten durch die Zeilen durchschimmern, die ich geschrieben habe...

Plötzlich erscheinen die Ergebnisse. Ich habe bestanden mit »befriedigend«. Ich vergieße Freudentränen vor meinem Bildschirm. Alle Prüfungen, die ich in diesem Jahr durchlebt habe, sind also letztendlich nicht vergebens gewesen.

Kapitel 26

Hoffnung

5. September 2007

Ich habe meine Teilprüfung bestanden und lebe immer noch in Paris. Ich bin neunzehn Jahre alt, ein neues Studienjahr beginnt. Ich habe den ganzen Sommer im Restaurant gearbeitet und versucht, so viel Geld wie möglich beiseitezulegen. Ich wohne noch immer bei meiner Kollegin, was trotz meiner ursprünglichen Bedenken recht gut klappt. Ich gebe ihr alles, was ich entbehren kann, für die Miete, was ihre Kosten mindert. Unsere Art des Zusammenwohnens ist völlig anders als damals mit Manu. Auch sie muss sich abrackern, sie versteht mich.

Ich spreche oft mit meinen Eltern am Telefon: Unser Verhältnis ist sehr viel besser geworden. Ich habe im letzten Jahr sehr schnell erwachsen werden müssen, und das zeigt sich in meinem Verhalten. Ich spüre, dass sie hinter mir stehen. Ich weiß von meiner Mutter, dass mein Vater von meinem Prüfungserfolg und meiner Entschlossenheit sehr beeindruckt ist. Sie haben nie verstanden, warum ich weggegangen bin, und ich hoffe, dass sie es nie verstehen. Ich weiß auch, dass es ihnen leidtut, mir noch immer nicht finanziell unter die Arme greifen zu können, aber ihre moralische Unterstützung spornt mich an. Sie beweisen mir heute, was ich immer gewusst habe: dass sie immer für mich da sind, ungeachtet meiner Entscheidungen.

Dennoch suche ich noch immer eine Wohnung. Ich will mich für das zweite Studienjahr in Paris einschreiben und brauche akzeptable Arbeitsbedingungen. Ich will nicht zurück nach V. Dort stünde alles von vornherein fest, das weiß ich. Ich will aber auch nicht noch länger das Entgegenkommen meiner Kollegin ausnutzen. Das Restaurant hat mir einen unbefristeten Vertrag für eine Halbtagsstelle angeboten, die ich annehmen werde. Mit der Sicherheit eines festen Gehalts müsste vieles leichter werden.

Doch die Dinge gestalten sich schwieriger als gedacht. Nach diversen Besichtigungen von Apartments und Zimmern wird mir klar, dass meine Referenzen im Vergleich zu anderen nicht genügend Eindruck machen. Ich habe keine Bürgen. Und trotz meines unbefristeten Arbeitsvertrags geben die Eigentümer die Wohnungsschlüssel lieber einem jungen Menschen, der im Bedarfsfall jemanden hinter sich hat. Und das habe ich nicht. Meine Eltern verdienen offenbar nicht genug. Ohne Witz.

Meine Zukunft bleibt somit ungewiss. Ich habe den Kopf voller Träume, doch die Gesellschaft holt mich dauernd in die Realität zurück. Ich möchte mein Studium fortsetzen, ich möchte weiterlernen, aber die Hindernisse bestehen immer noch. Werde ich eine Wohnung finden? Werde ich in der Lage sein, Job und Studium unter einen Hut zu bringen? Und werde ich vor allem stark genug sein, nicht in die Prostitution zurückzufallen? Käuflicher Sex bringt viel zu schnell verdientes Geld, und Geld ist viel zu wichtig, als dass ich mir versage, daran zu denken. Ich weiß, was ich will, aber ich weiß auch, dass dies nicht immer mit der Realität im Einklang steht. Große Hoffnungen, aber wenig Geld.

Anhang

Studentische Prostitution in Frankreich in Zeiten des Internets*

Von Eva Clouet

»In Frankreich prostituieren sich etwa 40 000 Studenten, um ihr Studium fortsetzen zu können.« Diese von der Studentengewerkschaft SUD im Frühjahr 2006 herausgegebene Information hatte zum Ziel, die Aufmerksamkeit der französischen Regierung auf die »studentische Lebenswirklichkeit« zu lenken. Die Studentengewerkschaft beschreibt in ihrer Untersuchung die schwierigen Existenzbedingungen, unter denen viele Studierende leiden (wenige und teure Wohnmöglichkeiten, Geldnot am Monatsende, Schwierigkeiten, bezahlte und universitäre Arbeit miteinander zu vereinbaren etc.).

Seit dem Herbst 2006 greifen die Medien (hauptsächlich Printmedien und Fernsehen) die Information auf und betrachten die Problematik unter einem neuen, reißerischen Blickwinkel. Im Kontext des Vorwahlkampfs erregte die Zahl 40 000 großes Aufsehen. Ob mit Neugier, Erstaunen, Entrüstung, Unverständnis, Skepsis oder als Hirngespinst – das Thema der studentischen Prostitution wird zum ersten Mal in der Öffentlichkeit wahrgenommen und provoziert Debatten und Reaktionen.

---

* Für die deutsche Ausgabe wurde das Nachwort durchgesehen und
  leicht überarbeitet.

223

In unseren Gesellschaften ist die Prostitution – in welcher Form auch immer – weiterhin stark stigmatisiert, und somit wird das Bild der Prostituierten in der allgemeinen Vorstellung noch oft mit einer Person »am Rande der Gesellschaft« in Verbindung gebracht, »die so verzweifelt ist, dass sie sogar ihren Körper verkauft«. Folglich wächst das Unbehagen, wenn es sich dabei um Studierende handelt; denn das Bild, das wir von der Prostituierten haben – eine ausländische Frau, die auf der Straße auf einen Freier wartet[1] –, scheint nicht kompatibel mit den Vorstellungen, die wir uns von Studierenden machen. Trotzdem ist die studentische Prostitution etwas, das sehr wohl in unserem Land existiert.

Wenn auch bis zum heutigen Tag keine zuverlässige Studie in der Lage ist, das Ausmaß des Phänomens zu beziffern – die Zahl 40 000 beruht nicht auf einer wissenschaftlichen Untersuchung, sondern ist eine Schätzung –, so beleuchten Lauras Geschichte und meine Studie über studentische Escortgirls einige Bereiche, die zum Verständnis des weiten Felds studentischer Prostitution beitragen.

1. Die verschiedenen Formen studentischer Prostitution

Es gibt heute genauso viele sich Prostituierende wie Orte der Prostitution. Jedem Ort (Apartments, Bars, Nachtclubs, Internet, Massagesalons, Autobahnrastplätze, Lieferwagen...) entspricht dabei eine eigene Form der Prostitution mit eigenen Akteuren, Tarifen, Zwängen und Herausforderungen.

Die Demokratisierung des Zugangs zu den neuen Kom-

224

munikationsmitteln wie dem Onlinedienst Minitel in den achtziger Jahren und heutzutage dem Internet und der Mobiltelefonie hat, so scheint es, die Entwicklung einer »Amateur«- und »Gelegenheits«-Prostitution verstärkt, bei der die Bevölkerungsgruppe der Studierenden deutlicher sichtbar wird.

Ziel dieses Nachworts ist es, ein Licht auf eine spezielle Form der Prostitution zu werfen, nämlich die, die Laura praktiziert hat: auf die freiwillige Prostitution, die von Studierenden selbstständig (ohne Zuhälter) und häufig mit Hilfe des Internets ausgeübt wird.

Das Internet und das studentische Escortgirl

Auf dem Gebiet der Prostitution bieten Minitel mit seiner berühmten »elektronischen Liebespost« und das Internet nicht zu vernachlässigende Vorteile, die für die Nachfrage genauso gelten wie für die Angebotsseite. Neben der großen Auswahl und den stets aktuellen Informationen ermöglicht das Internet, jederzeit und überall zu geringen Gebühren diskrete Verabredungen zu treffen. Zudem macht das Internet die Arbeit der Polizei viel mühseliger: »Die Prostituierten, die im Netz agieren, riskieren nicht viel, denn selbst wenn sie wegen Kundensuche belangt werden können, stellen sie für die Polizei keine Priorität dar.«[2] Daher begeben sich viele ehemalige Straßenprostituierte und andere »Anonyme« – darunter Studierende – in diese selbstständige Tätigkeit.

Die sichtbarsten Angebote für bezahlten Geschlechtsverkehr im Netz sind die der »Escort-Services«. Ursprünglich besteht das »escorting« darin, einen Kunden zu Abendeinladungen, ins Restaurant, ins Theater etc. zu

»begleiten«. In diesem Rahmen ist der sexuelle Kontakt nicht Teil des Vertrags, sondern bleibt eine implizite Absicht, die als eine private Sache zwischen dem Escortgirl und dem Kunden betrachtet wird.

Professionelle »Escorts« und »Amateurinnen« wie Laura finden ihre Kunden und kommunizieren mit ihnen über Anzeigen auf speziellen Internetseiten. Dort findet man zum Beispiel Informationen über Körpermaße, Alter, die entsprechende Region oder Stadt, Verfügbarkeit, Preise und manchmal einen kurzen Absatz, in dem die Leistungen, aber auch die Tabus der Escortgirls dargelegt sind.

Manche Escorts haben auch eine eigene Internetseite oder führen einen eigenen Blog. Die Erscheinungsbilder dieser personalisierten Seiten, die meistens ein sehr einfaches Design aufweisen, sind oft ähnlich. Zuerst öffnet sich ein Fenster, in dem erklärt wird, dass der Benutzer volljährig sein muss, um seine Nachforschungen fortsetzen zu dürfen. Anschließend stellt ein oft vom Escortgirl selbst verfasster Text mehr oder weniger detailliert die Person vor. Dann präzisieren mehrere Rubriken die Art des Services, den das Escortgirl anbietet. Und schließlich gibt es die Kontaktseite, wo das Escortgirl seine E-Mail-Adresse und/oder Handynummer eingetragen hat. Oft illustriert eine »Fotogalerie« den Blog und zeigt das Escortgirl in verschiedenen Posen. Nur wenige nichtprofessionelle Escortgirls zeigen dabei ihr Gesicht, da ihre Umgebung meistens nichts von ihrer Prostitution oder dem Escorting weiß und diese Frauen in der Regel noch andere Berufe haben. Diese »Gelegenheitsprostituierten« arbeiten sehr häufig unabhängig und sind den Sozialdiensten im Allgemeinen nicht bekannt (aus diesem Grund hat keine institutionelle Organisation eine klare Vorstellung, wie groß die Zahl an studentischen Prostituierten wirklich ist). Zweifellos wird die Entscheidung für die Prostitution – die Möglichkeit, ein »Doppelleben« zu führen – durch das Internet begünstigt. Laut der Analyse von Yann Reuzeau »machen heute viele Prostituierte durch das Internet die ersten Schritte. Viele von ihnen hätten es ohne diese virtuelle Gelegenheit nie getan [...], denn die große Neuigkeit des Internets ist, dass es diese Tätigkeit jedem zugänglich macht. Ein einfacher Computer, eine Internetverbindung, zwei, drei Fotos, eine gute Viertelstunde, und schon sind Sie ein Escortgirl!«[3] Auch Laura berichtet, dass sie beim Surfen im Internet problemlos und rasch eine Vielzahl eindeutiger Anzeigen findet. Von Geldnöten und Neugier getrieben, zudem mit dem Gefühl, am Computerbildschirm »geschützt« zu sein, findet Laura im Internet *»die Lösung, auf die {sie} gewartet hat«: Wohlstand, und zwar ruckzuck ...«*

2. Wer sind die Studierenden, die sich über das Internet prostituieren?

Das »Standardprofil« eines Studierenden zu erstellen, der sich via Internet prostituiert, ist schwer. Doch es lässt sich eine erste Feststellung treffen: Fast alle Anzeigen stammen von jungen Frauen. Befasst man sich mit den Artikeln, die im Lauf des Jahres zu diesem Thema in der Presse erschienen sind, fällt auf, dass keiner der Journalisten männliche studentische Prostituierte erwähnt. Viele halten diese Tätigkeit ausschließlich für eine »Frauensache«. Tatsächlich findet man so gut wie keine Anzeigen von männlichen Studenten im Netz, doch das bedeutet nicht, dass es die männliche studentische Prostitution nicht gibt.[4] Wenn in der Prostitution auf der Angebots-seite die Frauen und auf der Seite der Nachfrage die Männer überrepräsentiert sind, dann deshalb, weil die Prostitution in einem komplexen System ungleicher Beziehungen verankert ist. In diesem System steht die – sozial konstruierte – weibliche Sexualität unter der Kontrolle von männlichen »Trieben« – von denen es heißt, sie seien »natürlich«, wobei sie ebenso sozial konstruiert sind. Will man das Phänomen der Prostitution überhaupt und die studentische Prostitution im Besonderen verstehen, ist es unerlässlich, sich diese Dominanz- und Machtmechanismen bewusst zu machen.

Wir haben also festgestellt, dass die Mehrheit der sich prostituierenden Studierenden weiblich ist und dass die Studentinnen es vor allem aus Geldmangel tun und weil ihnen die Zeit für einen ausreichend einträglichen Nebenjob fehlt. Diese Gründe sind es auch, die Laura in die Prostitution treiben. Wie viele andere Studierende stammt Laura aus der Mittelschicht, und ihr Lebensstandard hängt stark von ihrer Familie ab. Entsprechend den offiziellen Definitionen ist ihre Familie jedoch nicht »bedürftig«, denn beide Elternteile haben eine volle Arbeitsstelle und verfügen über Einnahmen, die als »ausreichend« eingestuft werden. Doch heutzutage müssen selbst viele dieser Mittelschichtfamilien den Gürtel enger schnallen, um für den Unterhalt aller Familienmitglieder aufzukommen.

Die ökonomische Unsicherheit – in Verbindung mit dem sozialen Milieu, aus dem die Studentin stammt[5] – reicht dennoch allein nicht aus, um die Entscheidung für die Prostitution zu erklären. Denn nicht alle Studentinnen in finanziellen Schwierigkeiten prostituieren sich.

Und nicht alle studentischen Escortgirls leiden unter existenzbedrohendem Geldmangel.[6]

3. Aus welchen Gründen prostituieren sich Studentinnen?

Meine Untersuchung hat ergeben, dass die Prostitution von Studentinnen die Reaktion auf verschiedene, mehr oder weniger markante Brüche in ihrer Lebensgeschichte ist. Die Gründe und Motivationen, die sie zu dieser Entscheidung gebracht haben, können dabei variieren.

Für die einen, wie zum Beispiel für Laura, unterliegt die Prostitution vor allem einem »Nutzen« – Geld zu verdienen –, damit sie ihr Studium fortsetzen können. Für andere bedeutet sie das Ausleben einer »verbotenen Fantasie«, ein Mittel, um mit den traditionellen familiären Werten zu brechen. Für wieder andere handelt es sich um eine »Rache« an den Männern, mit denen sie »kostenlose« Beziehungen gehabt haben. Anhand dieser verschiedenen Motivationen (die Liste ist nicht erschöpfend) können wir drei grundlegende Kategorien von Brüchen ausmachen: soziale und finanzielle Brüche, Brüche mit der Moral der Familie und Brüche in Bezug auf bisherige »kostenlose« Liebesbeziehungen. Selbstverständlich sind diese Kategorien nicht starr, manche Studentinnen vereinen zwei oder drei dieser Brüche in sich.

a) Soziale und finanzielle Brüche – Studentinnen,
   die für den Erfolg zu allem bereit sind

Die Prostitution aus finanziellen Gründen steht sicherlich in engem Zusammenhang mit der Verarmung der Studenten. Hierzu erklärt Guillaume Houzel, Präsident des Rats des »Observatoire de la Vie Étudiante« (OVE): »Seit einigen Jahren stellen wir einen zunehmenden Druck auf die Kaufkraft der Studierenden fest. Durch die Preiserhöhungen im Immobiliensektor steigen ihre Ausgaben für eine Unterkunft, aber die Höhe der Stipendien steigt nicht.«[7] Laut dem Dauriac-Bericht[8] über die ökonomische Unsicherheit von Studierenden leben 100 000 von ihnen unter der Armutsgrenze, die etwa 650 Euro pro Monat pro Person ausmacht. Gemäß dem OVE leben heute über 45 000 in sehr großer Armut, und 225 000 haben große Mühe, ihr Studium zu finanzieren.[9] Diese Verarmung betrifft eine bestimmte Gruppe von Studierenden, nämlich die, deren Eltern finanziell nicht für sie aufkommen wollen oder können.

Ebenso wie Laura leiden die studentischen Escortgirls, die der Arbeiter- oder Mittelschicht entstammen, unter einigen sozialen und finanziellen Nöten, die die Fortsetzung ihres Studiums gefährden können. Doch gerade für diese Studentinnen ist der akademische Erfolg fundamental. Denn die Fortsetzung des Hochschulstudiums bietet ihnen die Möglichkeit, ihren Ehrgeiz zu befriedigen und es »zu etwas zu bringen« – und sich damit einen Lebensstil in größerem Wohlstand zu sichern als den, den sie in ihren eigenen Familien kennengelernt haben.

Jedoch besitzen weder diese Studentinnen noch ihre Familien ausreichende finanzielle Mittel, um die ehrgeizigen Ziele voll und ganz zu erreichen. In diesem Kontext zeigt sich die Prostitution als eine Alternative, um weiter »seinen Träumen nachhängen« zu können.

Zahlreiche Autoren sind sich einig[10], dass Studierende aus einkommensschwachen und aus einkommensstarken

Familien nicht die gleichen Chancen hinsichtlich der Finanzierung ihres Studiums haben. Der Staat, der sich dieser »Chancenungleichheit« bewusst ist, hat ein Instrument bereitgestellt, mit dem jungen Menschen finanziell geholfen werden kann (Ausbildungsförderung nach sozialen Kriterien, leistungsbezogene Stipendien, Wohngeld etc.), und bietet ihnen auf diese Weise »ein grundlegendes Hilfsmittel für den sozialen Aufstieg«[11]. Doch dieses System ist nicht lückenlos (wie wir bei Laura gesehen haben) und deckt die Bedürfnisse der Studenten nur zum Teil. Innerhalb von fünf Jahren sind die verpflichtenden Ausgaben – Einschreibekosten, Sozialversicherung, Unterkunft, Essen in der Mensa etc. – um 23 Prozent gestiegen, während die Ausbildungsförderung und das Wohngeld nur um 10 Prozent gestiegen sind. Angesichts dieser Tatsache ist es für viele Studierende unerlässlich, neben ihrem Studium einer bezahlten Arbeit nachzugehen.

Im Jahr 2003 sind 45,5 Prozent der französischen Studierenden während des Studienjahrs einer bezahlten Arbeit nachgegangen. Lauras Bericht ist zu entnehmen, dass sie fünfzehn Stunden pro Woche in einem Unternehmen für Telemarketing arbeitet. Dies lässt ermessen, wie sehr ihr »Studentenjob« sie daran hindert, ihr Studium korrekt durchzuführen. Sie ist ständig müde und setzt ihre Gesundheit aufs Spiel. Zu diesem Ergebnis kommen auch die Untersuchungen des Observatoire de la Vie Étudiante, in denen betont wird, dass eine Erwerbsarbeit parallel zum Studium »die Gefahr des Scheiterns oder des Studienabbruchs« vergrößert.[12] Vor diesem Hintergrund ermöglicht die Prostitution Studentinnen aus bescheideneren sozialen Verhältnissen, ihr Studium unter günstigeren materiellen Bedingungen fortzusetzen, und lässt ihnen ausreichend Zeit, für die Universität zu arbeiten.

Die Strategie mag logisch erscheinen, und dennoch kann man sich fragen, welchen Preis diese Studentinnen zahlen, um an die Universität zu gelangen und sie mit einem Examen zu verlassen. Offenkundig haben der soziale Aufstieg und die Wege zum »Erfolg« mit Chancengleichheit wenig zu tun.

b) Bruch mit der Moral der Familie – Studentinnen mit dem Wunsch, sich von Zwängen zu befreien

Bei manchen Studentinnen ist die Prostitution nicht auf Geldmangel zurückzuführen, sondern sie entspringt dem Wunsch, mit den traditionellen Werten der Familie zu brechen und eine »verbotene Phantasie« zu befriedigen.

Auch wenn heute die Sexualität nicht »frei« ist, denn sie ist ein Teil gesellschaftlicher Zusammenhänge (Gender, soziale Schicht, Generation, Kultur…), so wird sie doch *a priori* als immer weniger in Normen fixiert wahrgenommen.[13] Zu diesem Thema betont Michel Bozon, dass eine der großen Veränderungen des Generationenverhältnisses zwischen 1960 und dem Jahr 2000 darin besteht, dass »die Generation der Eltern nunmehr darauf verzichtet hat, der Jugend restriktive Normen zu setzen«[14]. Die Eltern verurteilen nicht mehr, dass ihre Kinder ein aktives Liebesleben haben – das sich manches Mal unter ihrem eigenen Dach abspielt. Selbstverständlich trifft diese Feststellung nicht auf die Gesamtheit heutiger Familien zu. Manche bewahren die traditionellen Werte – die mit religiösen Moralvorstellungen in Verbindung stehen – und üben eine übersteigerte Kontrolle auf die Sexualität ihrer Kinder aus.

In diesen konservativen Familien erleben die Heranwachsenden den Eintritt in die Sexualität unter dem aufmerksamen Blick und der Kontrolle der Eltern (und möglicherweise der älteren Geschwister). Das Thema Sexualität ist tabu und wird nur selten in der Familie besprochen.

Studentinnen, die in einer solchen Familie heranwachsen, betrachten die Prostitution als ein Mittel, sich von den Werten und Normen der Familie zu emanzipieren. Sie machen sich vom elterlichen Vorbild frei und bekräftigen auf diese Weise ihren Wunsch nach Autonomie. Sie wollen ihr Leben – zumindest ihr Intimleben – selbstbestimmt gestalten.

c) Bruch mit der Liebe und der Mann/Frau-Beziehung –
Enttäuschte und desillusionierte Studentinnen

Für manche studentische Escortgirls ist die Prostitution ein Mittel, einem emotionalen und sexuellen Mangel abzuhelfen. Diese jungen Frauen sind in ihren vorhergehenden Liebesverhältnissen und »kostenlosen Beziehungen« enttäuscht worden und haben das Gefühl, nicht ihrem Wert entsprechend geschätzt worden zu sein. Sie haben sich »kostenlos« Männern »angeboten«, die nicht ihren Erwartungen an Verbindlichkeit und gegenseitiger Anerkennung entsprochen haben. In diesen Beziehungen haben sie sich »verraten« und »missbraucht« gefühlt, denn der Respekt und die Wertschätzung für sie blieben aus.

Dennoch wollen diese Studentinnen weiterhin sexuell aktiv bleiben und ihre Sexualität durch das Erlernen neuer Praktiken und durch Erfahrungen verbessern. In diesem Kontext bekommt ihre Prostitution einen Sinn. Das Geld ist dabei ein Hilfsmittel, um die Situation klar abzugrenzen: Die Escortgirls wissen, dass die Begegnungen im Rahmen ihrer Prostitution nicht die »Vertragsklauseln« überschreiten und die Hoffnung auf eine »Geschichte« über die käufliche Liebe hinaus vergeblich ist. Auf diese Weise können sie die Begegnung intensiv erleben und sich auf ihr eigenes sexuelles Vergnügen konzentrieren, ohne sich Gedanken über das Danach zu machen.

4. Schlussfolgerung

Aus welchen Gründen auch immer sich Studentinnen prostituieren, die Tätigkeit ist nicht als harmlos einzuschätzen. Lauras Erfahrungen belegen es. Selbst wenn es eine freie Entscheidung ist, so ist sie doch – wie jede Entscheidung – in einem speziellen Kontext zu betrachten. Man prostituiert sich nicht zufällig. Geldmangel, der Wunsch auszubrechen oder auch die Enttäuschung über Liebesbeziehungen reichen für sich als Erklärung noch nicht aus.

Laut einer Studie über »das Risiko der Prostitution von jungen Leuten«[15], gibt es bestimmte grundlegende Voraussetzungen – in Verbindung mit der jeweiligen persönlichen und sozialen Geschichte –, die bei manchen Heranwachsenden die Entscheidung zur Prostitution fördern. Bei diesen grundlegenden Voraussetzungen kann es sich um »biografische Unfälle« handeln (körperliche, seelische und sexuelle Gewalt), um Probleme der Identität und der Identifikation mit den elterlichen Vorbildern, um eine gewisse soziale Isolation, eine psychische Anfälligkeit, eine soziale Disqualifikation der Herkunftsfamilie oder auch um die Tatsache, in seinem Umfeld Bekanntschaften zu haben, die zum Prostituiertenmilieu gehören.

Die Entscheidung für die Prostitution beruht also auf einer Kombination verschiedener persönlich und sozial bedeutender Brüche. Paradoxerweise wird die Prostitution für manche zu einer Alternative, die ihren Lebensentscheidungen und -erfahrungen gerade erst einen Sinn verleiht. Der »Schritt zur Tat« ist dabei in eine spezielle Lebenssituation eingebettet. Auch wenn dieses Handeln ihnen ermöglicht, sich aus einer »schwierigen« Lage zu befreien, so bleibt es nicht ohne Folgen. Bis zum heutigen Tag gibt es keine Studie, die den Werdegang dieser Menschen verfolgt und die langfristigen individuellen und sozialen Folgen beschreibt.

5. Lösungsmöglichkeiten

Die Prostitution weist – egal, in welcher Form – auf soziale Missstände hin. Denn wir haben gesehen, dass sie aufs Engste mit den sozialen Beziehungen verknüpft ist, in denen männliche und ökonomische Dominanz vorherrschen. Angesichts dieser Tatsache kann man sich nur eine positive Weiterentwicklung der Denkmuster wünschen, um die augenblicklichen Ungleichheiten einzudämmen. Wir wissen, dass Bildung einer der Schlüssel zur Veränderung von Denkweisen ist. Dennoch bleiben die Mittel, die die öffentliche Hand dafür einsetzt, unzureichend (wenn sie nicht gar ganz fehlen).

In unserer Gesellschaft ist das Thema Sexualität noch weitgehend tabu und noch immer von sexistischen und stereotypen Auffassungen geprägt, die Frauen wie Männer in sexuell unterschiedliche, hierarchisierte Rollen zwingen. Scham, sexuelle Enthaltsamkeit, Mäßigung und fehlendes Verlangen werden noch immer als »natürliche« Eigenschaften von Frauen angesehen. Umgekehrt werden Begierde, Aggressivität und Aktivität als dem Mann eigen definiert.[16] Würden heute mehr Institutionen – und Einzelpersonen – in ihren Analysen und Handlungsweisen die Komplexität der sozialen Beziehungen zwischen Mann und Frau berücksichtigen, könnte Sexualität auf eine gleichberechtigte und freiheitliche Weise betrachtet werden.

Seit fast zehn Jahren wollen die jeweiligen Regierungen die französische Universität »umgestalten« und geben als offiziellen Grund an, die ökonomische Unsicherheit der jungen Menschen bekämpfen zu wollen. Die unterschiedlichen Reformvorschläge wie die LMD-Reform (Licence-Master-Doctorat), das Gesetz über die »Chancengleichheit« und sein berühmter Vertrag zur Erstanstellung (»Contrat Première Embauche«) und aktuell das Gesetz über die Autonomie der Universitäten vertiefen aber in Wirklichkeit nur die bestehende Kluft zwischen den Studierenden aus der Arbeiterschicht und denen aus wohlhabenderen Familien. Sollte der Plan der Regierung wirklich die Absicht haben, Chancengleichheit für alle Studierenden herzustellen, müssten konkrete Maßnahmen ergriffen werden: Das System der Ausbildungsförderung nach sozialen Kriterien müsste verbessert (Studierende wie Laura hätten dann einen Anspruch darauf), die Anzahl der Plätze in Studentenwohnheimen erhöht, die »Studentenjobs« korrekt bezahlt und mehr den Bedürfnissen und Fähigkeiten des Einzelnen angepasst werden.

Doch bei den Fragen der Gleichberechtigung der Geschlechter ebenso wie bei der gerechten Verteilung des Reichtums bleiben die Herrschenden stets zaghaft.

Eva Clouet ist 23 Jahre alt und studiert Soziologie im Masterstudiengang 2 »Gender und Sozialpolitik« an der Universität Toulouse-Le Mirail. Sie ist Autorin des 2008 erschienenen Buchs La prostitution étudiante à l'heure des nouvelles technologies de communication. *Als sie für ihr Buch nach Erfahrungsberichten von Betroffenen suchte, meldete sich Laura D. bei ihr.*

1 Im Februar 2006 wurden an der Universität Nantes 138 Studierende im zweiten Studienjahr Psychologie und Medizin per Fragebogen zu der Thematik der nichtstudentischen und studentischen Prostitution befragt. Die Ergebnisse dieser Untersuchung zeigen, dass das »typische Profil« eines sich Prostituierenden in Frankreich einer »jungen« (84 Prozent der Antworten) Frau (97,8 Prozent) aus dem Ausland (82,6 Prozent), die auf der Straße anschafft (71,3 Prozent)«, entspricht. Dieses »Profil« spiegelt das Bild wider, das regelmäßig von den Medien transportiert wird. Aber laut den Arbeiten der »Mission Prostitution« der Organisation »Médecins du Monde« macht in Frankreich die Straßenprostitution nur 40 Prozent der Gesamtprostitution aus.

2 Auszug aus der »Absichtserklärung« des Autors und Regisseurs Yann Reuzeau für sein Theaterstück Les Débutantes – Prostituées en quelques clics, aufgeführt von November 2006 bis Februar 2007 in der Manufacture des Abbesses in Paris.

3 Die freiwillige Prostitution von »Amateurinnen« ist im Übrigen Thema von Reuzeaus letztem Theaterstück. Im Mittelpunkt steht Marion, neunzehn Jahre, Medizinstudentin, die, um ihr Studium fortsetzen zu können, sich gelegentlich prostituiert.

4 Für meine Untersuchung habe ich einen jungen Studenten getroffen, der sich zwei Jahre lang auf der Straße prostituiert hat und heute das Internet nutzt, das er als »weniger gefährlich als die Straße« einschätzt, um seine Kunden zu finden. Er hat keine Annonce ins Netz gestellt, sondern klickt lediglich auf »schwule« Seiten, um neue Kontakte herzustellen. Seiner Meinung nach liegt die zahlenmäßige Unterlegenheit der Männer – und somit der Studenten – als Anbieter von käuflichem Sex in dem Verhältnis von Angebot und Nachfrage begründet. »Die Nachfrage von Männern nach ›kostenlosen‹ heterosexuellen Intimkontakten ist größer als das Angebot«; darum die Einführung der weiblichen Prostitution, um diese Differenz gewissermaßen auszugleichen.

»Die Differenz hingegen zwischen Nachfrage und Angebot von ›kostenlosen‹ homosexuellen Kontakten unter Männern ist geringer. Folglich gibt es weniger männliche als weibliche Prostituierte.«

5 Die finanzielle Unterstützung von Eltern und anderen Familienmitgliedern macht etwa 46 Prozent der Geldmittel des Studierenden aus (Angabe von dem Soziologie-Institut CREDOC, 1992). Olivier Galland und Marco Oberti, Les Étudiants, Paris 1996, S. 67.

6 Für meine Untersuchung habe ich zwei studentische Escortgirls getroffen, denen es bei der Prostitution nicht in erster Linie um den Verdienst geht. Beide werden von ihren Eltern (großzügig) finanziell unterstützt.

7 Jean-Marc Philibert, »La prostitution gagne les bancs de la fac«, Le Figaro, 30. Oktober 2006, S. 11.

8 Jean-François Dauriac war Direktor des Studentenwerks Crous. Im Jahr 2000 beauftragt Claude Allègre – der damalige Minister für nationale Bildung – Dauriac, einen Zustandsbericht der wirtschaftlichen Situation der Studierenden in Frankreich zu erstellen in Hinblick auf die Einrichtung eines »Sozialplans für Studierende«. Jean-François Dauriac, Note de synthèse du rapport au ministre de l'Éducation nationale, de la Recherche et de la Technologie sur la mise en œuvre du plan social étudiant, Paris 2000.

9 Jean-Marc Philibert, a. a. O. Es gibt heute in Frankreich 2 200 000 Studenten.

10 Zu nennen sind zum Beispiel Pierre Bourdieu und Jean-Claude Passeron, Les Héritiers: les étudiants de la culture, Paris 1989; Raymond Boudon, L'Inégalité des chances – La mobilité sociale dans les sociétés industrielles, Paris 1979; François Dubet, »Les étudiants«, in: F. Dubet u.a., Universités et villes, Paris 1994; Stéphane Beaud, 80 % au bac... et après?, Paris 2003; M. Euriat und C. Thelot, »Le recrutement social de l'élite scolaire en France«, Revue française de sociologie, XXXVI-3, Juli-September 1995, S. 403–438.

11 Im Jahr 2006 beläuft sich die finanzielle Unterstützung von Studierenden auf 6 Milliarden Euro. Quelle: Laurent Wauquiez, Les aides aux étudiants: comment relancer l'ascenseur social?, Paris 2006.

12 Claude Grignon (Präsident des Wissenschaftsrats des OVE), Les étudiants en difficulté: Pauvreté et précarité – Rapport au ministre de la Jeunesse, de l'Éducation nationale et de la Recherche, Paris 2003.

13 Thomas Laqueur, Auf den Leib geschrieben: die Inszenierung der Ge-

schlechter von der Antike bis Freud, a. d. Engl. von H. J. Bussmann, München 1996.

14 Die Eltern achten jedoch auf die sexuellen Praktiken ihrer Kinder, insbesondere in Hinsicht auf sexuell übertragbare Infektionen und ungewollte Schwangerschaften. – Michel Bozon, *Sociologie de la sexualité*, Paris 2005, S. 54.

15 Diese Studie, durchgeführt von einem französischen Verband, erwähnt nicht die Studierenden, sondern zielt ab auf junge Menschen zwischen 18 und 25 Jahren, die von den Sozialdiensten betreut werden und in ökonomischer und sozialer Unsicherheit leben. ANRS – Service Insertion Jeunes – Association Nationale de Réadaption Sociale, *Le risque prostitutionnel chez les jeunes de 18 – 25 ans* (Forschungsarbeit), Paris 1995.

16 Michel Bozon, a.a.O., S. 25.

Bafög der besonderen Art

Zur Situation der studentischen Prostitution
in Deutschland

Von Bernhard Albrecht

Laura D. hat etwas erreicht, worum sie viele erfolgreiche
französische Autoren beneiden würden: »Mein teures Studium« hat gleich nach Erscheinen in Frankreich im Januar
2008 auch im Ausland für großes Aufsehen gesorgt. Zahlreiche Medien veröffentlichten Besprechungen, obwohl es
zu diesem Zeitpunkt noch keine Übersetzung des Buches
gab. Auch in Deutschland wird das Buch »Mein teures Studium« seit Monaten in Internetforen heiß diskutiert, die
Diskussionsteilnehmer bewerten Lauras Verhalten moralisch, wobei die meisten das Buch noch nicht selbst gelesen
haben. Sie verurteilen oder verstehen die junge Französin,
sie liefern sich ideologische Grabenkämpfe über die Frage,
ob sie wirklich »gezwungen« war, den Weg der Prostitution einzuschlagen, und gehen über zur grundsätzlichen
Frage, ob man den Staat und die Gesellschaft verantwortlich machen könne für Schicksale wie das von Laura D.

Wenn die französische Soziologiestudentin Eva Clouet
im Nachwort schreibt, das Bild der Franzosen von einer
Prostituierten sei das einer »ausländischen Frau, die auf
der Straße auf einen Freier wartet«, und nicht kompatibel
mit den Vorstellungen, die man sich von einer Studentin
mache, trifft das für Deutschland so nicht zu. Denn unser
medial geprägtes und sicherlich zu hinterfragendes Bild ist
seit vielen Jahren das eines »Luxusweibchens«, der Escort-

240

dame, die sich nicht gern als »Prostituierte« abstempeln lässt und die für einen vierstelligen Betrag als Abendbegleitung mit der Option auf eine vielversprechende Nacht anzumieten ist. Die Medien berichten uns von jungen Frauen, die selbstbewusster sind als Laura D., die Spaß an ihrer Nebentätigkeit haben und für die Geld nicht zum Überleben da ist, sondern für exquisiten Lebensstil steht. Frauen wie die zweiundzwanzigjährige Münchnerin Vivien[1], die in der *Süddeutschen Zeitung* erzählt: »Letztens war ich mit einem Mann beim Shoppen. Dolce & Gabbana und Gucci – für ein paar tausend Euro. Schön war's.« Frauen wie die sechsundzwanzigjährige Frankfurter BWL-Studentin Nadine[2]: »Ich sehe mich nicht als Prostituierte. Ich gehe gern mit Männern aus, die mir was bieten können, die was im Kopf haben, die mir nicht unterlegen sind«, sagt sie in *SpiegelOnline*. Frauen wie die einundzwanzigjährige Maria-Magdalena[3], die sich im *Stern* als nymphoman bezeichnet und schelmisch hinzufügt: »Jetzt kriege ich auch noch Geld dafür, das ist doch super.«

Alle drei Frauen haben etwas gemein: Sie arbeiten für Escort-Agenturen, sind also in der Luxusklasse der käuflichen Liebe angekommen. Mehr als hundertsechzig solcher Agenturen in Deutschland listet allein die Homepage www.sexarbeiterinnen.com auf, ohne Anspruch auf Vollständigkeit. Die größten unter ihnen vermitteln mehrere hundert Frauen und betreiben deutschlandweit Filialen. Sie agieren in einer rechtlichen »Grauzone«, so drückt es Peter Schillinger aus, der Leiter des Rotlichtkommissariats 35 in München, wo aufgrund der hohen Anzahl an solventen potenziellen Kunden besonders viele

1–3 Mit diesem Namen trat die Studentin in den Medien auf.

Agenturen ansässig sind. Denn Prostituierten sind Hotel- und Hausbesuche im Rahmen der Sperrbezirkregelung untersagt; weil aber Sex meist nicht zum offiziell kommunizierten Angebot einer Escortdame gehört, sind der Polizei die Hände gebunden.

Die Escortfrauen haben Castings hinter sich, in denen kritische Agenturchefs nicht nur ihr perfektes Aussehen und ihren Körper in Augenschein nehmen, sondern auch ihre Intelligenz und ihre Konversationsfähigkeit. Für Preise zwischen achthundert und zweitausend Euro die Nacht stehen sie Kunden zur Verfügung, für die Geld in der Regel keine Rolle spielt. Häufig sind es erfolgreiche Geschäftsleute im Alter zwischen dreißig und sechzig, die die Escortdamen einer echten Geliebten vorziehen, sagt der Inhaber der Agentur Eden Escort, der seinen Namen nicht für dieses Nachwort preisgeben möchte. »Diese Männer wollen Frauen, die ihnen intellektuell das Wasser reichen können, mit denen sie erst mal gepflegt zu Abend essen oder in die Oper gehen und die ihnen das Gefühl vermitteln, dass sie noch erobert werden müssen – auch wenn das nur ein Spiel ist.« Zehn der dreißig Frauen, die er in mehreren deutschen Städten vermittelt, sind Studentinnen, die anderen meist Akademikerinnen mit Abschluss. Weil er mit dem eingeführten Namen seiner Agentur für die »Qualität« seiner Frauen bürgt, kann er hohe Preise verlangen. Siebzig Prozent erhält die Frau, dreißig Prozent behält die Agentur. »Das ist üblich in der Branche. Es gibt auch Agenturen, die knöpfen ihren Damen fünfzig Prozent ab, aber das halte ich nicht für moralisch vertretbar.« Nur einmal im Lauf der Jahre stellte sich eine Studentin wie Laura D. vor, die große wirtschaftliche Probleme hatte, wie er im zweistündigen Casting-

Gespräch entdeckte: »Ich habe ihr vom Escort-Service ab-geraten und sie nach Hause geschickt. Finanzielle Not ist nicht der richtige Beweggrund für diesen Job. Der muss Spaß machen, sonst spüren die Kunden, dass da was nicht stimmt.«

Die einen passen nicht in das Raster der Escort-Agen-turen, andere entscheiden sich von vornherein für einen anderen Weg der Prostitution: die Frankfurterin Eva[4] zum Beispiel, heute zweiunddreißig Jahre alt, hat wäh-rend ihres Studiums zehn Jahre im Bordell angeschafft: »Dort habe ich zehn bis fünfzehn Minuten mit dem Kun-den zu tun gehabt. Im Escort-Service oder als Callgirl wäre mir das zu persönlich geworden«, erklärt sie in der Mainzer Studentenzeitschrift *Stuz*. Zunächst arbeitete sie für »Charlie«, einen Zuhälter, aber schon nach sechs Wo-chen wollte sie auf eigene Rechnung weitermachen: »Ich musste damals quasi Abstand bezahlen – abarbeiten.« Eva hatte Glück mit dem von ihr gewählten Bordell, der Hauswirtschafter war ihr Ansprechpartner und »Beschüt-zer«, und sie schätzte ihre Kolleginnen. »Es hatte ja auch so was Behütendes, diese Gruppe von Frauen ... und diese ganze Atmosphäre.«

Andere Großbordelle springen weniger umsichtig mit ihren Frauen um. Einem Laufhaus in Augsburg zum Beispiel wirft die Frauenrechtlerin Alice Schwarzer vor, Ausbeutung zu betreiben: »Dort hatte die Polizei bei einem Großeinsatz dreißig Frauen zu Einzelbefragungen mitgenommen und der Staatsanwalt anschließend An-klage erhoben. Denn die Frauen hatten zum Beispiel eine ›Anwesenheitspflicht‹ von dreizehn Stunden, von

4 Mit diesem Namen trat die Studentin in den Medien auf.

14 Uhr bis 3 Uhr nachts, mussten sich im Kontaktraum permanent splitternackt aufhalten, durften nicht telefonieren, mussten alle Wünsche der Freier erfüllen, sonst wurde ihnen das vom Lohn abgezogen.« Das neue Prostitutionsgesetz aus dem Jahr 2001 habe diese Situation sogar noch rechtlich abgesichert: »Der Bordellbetreiber gewann den Prozess, denn er hat dank des neuen Gesetzes ein ›Weisungsrecht‹ und ›Kontrollbefugnisse‹. Das Gericht argumentierte: Schließlich sei die Prostitution heute ein ›ganz normales Gewerbe‹.« Dabei war das Gesetz im Jahr 2001 geschaffen worden, damit Prostituierte rechtlich besser abgesichert sind. Seit seinem Inkrafttreten ist Prostitution als Beruf anerkannt, die Frauen werden von gesetzlichen Krankenversicherungen aufgenommen und haben Rechte gegenüber ihren Arbeitgebern.

Studentinnen als Prostituierte scheinen in Großbordellen nichts Ungewöhnliches zu sein. In der Münchner Filiale der Bordellkette Pascha seien es im Mai 2008 drei von fünfundvierzig Frauen, die sich neben der Uni etwas dazuverdienen, sagt der Geschäftsführer Leo Eisele. »Die wohnen und studieren nicht in München, sondern kommen von außerhalb fürs Wochenende rein. So trennen sie ihr Privatleben vom Nebenjob.« Das Pascha bietet einen Clubbereich, in dem sich Frauen und Freier an der Bar kennenlernen können, bevor sie in einem Zimmer verschwinden. »Das eignet sich besser für Gelegenheitsprostituierte wie Studentinnen, denn diese Zimmer müssen sie nicht anmieten.« Aber auch im Laufhaus der Kölner Pascha-Filiale, wo die Prostituierten vor angemieteten Zimmern bei geöffneter Tür auf ihre Freier warten, arbeiteten laut Eisele gelegentlich Studentinnen. Einhundertfünfzig Euro Tagesmiete für ein Zimmer ist der branchenübliche Preis in Laufhäusern, die muss man erst mal verdient haben. Auch im Freudenhaus Hase in Berlin seien drei von knapp dreißig Frauen Studentinnen, bestätigt die Geschäftsführerin Elke Hase und sieht darin nichts Ungewöhnliches: »Ich arbeite nun seit fünfundzwanzig Jahren im Gewerbe, die gab es immer schon.« Fälle wie den von Laura D., die von extremer wirtschaftlicher Not in die Prostitution getrieben werden, kennt sie allerdings nicht. »Die meisten Frauen wissen, was sie tun, die sehen das pragmatisch, und einige machen das auch gern.«

Marion Detlefs von der Beratungsstelle für Prostituierte Hydra in Berlin bestätigt, dass auch dort immer wieder Studentinnen anfragen und das Angebot einer Einstiegsberatung wahrnehmen. »Das sind Frauen, die nicht einfach in die Prostitution hineinschlittern, sondern die treffen diese Entscheidung sehr bewusst, erkundigen sich über die rechtlichen Rahmenbedingungen und machen sich vor dem Einstieg Gedanken über die Grenzen, die sie sich setzen wollen.« Zwei Drittel der Frauen, ob Studentin oder nicht, entscheiden sich nach dem Beratungsgespräch gegen die Prostitution: »Viele haben falsche Vorstellungen, die wir dann im Gespräch ausräumen können.« Die Motive, die sie in die Beratung führen, sind ganz unterschiedlich: Die meisten wollen schnelles Geld verdienen, manche aber wollen auch neue sexuelle Erfahrungen mit vielen verschiedenen Männern machen oder einfach nur nach einer gescheiterten Beziehung ihren Exfreund vergessen.

Aus ihrer täglichen Arbeit kennen die Mitarbeiterinnen der Hydra Studentinnen in allen Milieus, in denen Prostitution stattfindet. Sie inserieren als Callgirls in Zeitungen, arbeiten in FKK-Clubs, bieten ihre Dienste an der Straße oder in einem der mehr als sechshundert Wohnungsbordelle an – eine Besonderheit in Berlin, wo Großbordelle und Laufhäuser bis vor Kurzem nicht erlaubt waren. Diese Appartements werden nicht von Zuhältern geführt und liegen, von den Behörden bis dato meist geduldet, größtenteils mitten in den Wohngebieten – nicht wie in anderen Städten, wo Sperrbezirkregelungen die Bordelle in die Gewerbegebiete verbannt haben. In den Wohnungsbordellen arbeiten fünf bis zehn Frauen, die ihre Zimmer von Bordellbetreibern und -betreiberinnen anmieten. »Wir kennen einige Wohnungsbordelle, in denen fast ausschließlich Studentinnen arbeiten«, sagt Marion Detlefs.

Die dreiundzwanzigjährige Studentin Katja[5] fand über die Einstiegsberatung bei der Hydra den Weg in ein Wohnungsbordell, geführt von einer Frau und mit flacher Hierarchie, und schaffte dort bis Ende 2007 »sporadisch« an, wie sie sagt. Reich sei sie dabei nicht geworden, nach den Abgaben an das Bordell seien ihr fünfzig Euro für eine halbe Stunde Sex geblieben. »Außerdem war es ja nicht so, dass ein Freier direkt nach dem anderen kommt, da gab es manchmal lange Wartezeiten.« Immerhin könne man sich das Studium gut finanzieren, wenn man einmal die Woche arbeite, schätzt sie – selbst allerdings war sie nie in finanzieller Not. »Mir ging es gar nicht um das Geld. Die Prostitution war mein Befreiungsschlag von einem gesellschaftshörigen Lebensentwurf, wie ihn ja fünfundneunzig Prozent

5 Name auf Wunsch der Studentin vom Autor geändert.

meiner Generation erleidet. Es war der Beweis, dass mein Leben mir gehört, dass ich die Autorin meines Lebens bin.« Bisher habe sie keinen einzigen Freier abgelehnt, sagt sie und ist selbst erstaunt darüber: »Es ist eine Fähigkeit, Sex und Liebe zu trennen. Ich habe das, andere nicht. Und die sollten Prostitution auch nicht ausprobieren.« Anfangs hatte Katja sich auch als Escortdame versucht, aber da sei es ihr schwergefallen, diese Unterscheidung aufrechtzuerhalten: »Ich habe schon für halbe Stunden ›auf Zimmer‹, das heißt im Puff, fast nur solche Männer angezogen, die mehr Seele als Sex wollten. Dieses Muster, mehr Seelenbalsam als ›Nutte‹ sein zu müssen, schraubt sich im Escort, der ja erst bei einer Stunde beginnt, in absurde Höhen. Zumal man sich in Räumen befindet, die von Fremden geprägt wurden. Man muss begabt sein, diesem energetischen Vampirismus widerstehen zu können.« Das war auch einer der Gründe, warum sie sich nach zwei Jahren gegen die Prostitution entschied — sie sagt, sie habe »alles gesehen«, der Puff habe sie am Ende gelangweilt: »Ich hatte nicht länger Lust, wahllos neurotischen Sexualitäten bei der Egopflege zu assistieren.«

Es gibt sie also, die studentischen Prostituierten in Deutschland, aber anders als in Frankreich möchte sich niemand festlegen, wie groß ihre Zahl ist. »Uns ist zahlenmäßig nichts bekannt«, sagt Imke Buß, Vorsitzende des freien Zusammenschlusses von Studentenschaften. »Dass es Einzelfälle gibt, kann ich nicht ausschließen«, schätzt Achim Meyer auf der Heyde, Generalsekretär des Deutschen Studentenwerks. Auch die Polizei kann nur Vermutungen anstellen. »Das bewegt sich fast schon im Promillebereich«, sagt zum Beispiel der Leiter des Rotlichtkommissariats 35 in München, Kriminalhauptkommissar Peter Schillinger, und meint damit allerdings den Straßenstrich, die Clubs und die Bordellprostitution. »Wir gehen aber von einer höheren Dunkelziffer aus. Studentinnen ziehen in Hinblick auf ihre Zukunft mit Sicherheit das Internet oder Zeitungsanzeigen vor« – Bereiche also, die das Kommissariat nicht so gut kontrollieren kann. Auch die Beratungsstellen für Prostituierte wie Hydra in Berlin, Tamara in Frankfurt oder Mimikri in München gehen davon aus, dass viele Studentinnen sich ausschließlich über das Internet anbieten.

Und dort findet man sie, die Männer, die so wie die Kunden von Laura D. »gerne Studentinnen« für ein »TG« (Taschengeld) oder für ein »Bafög der anderen Art« suchen. Und die »niveauvollen Studentinnen«, die »solvente Herren« besuchen oder begleiten. Sie tummeln sich auf den Seiten, in denen man lokale Kleinanzeigen schalten kann, in Sexportalen, aber anscheinend nicht nur dort. Auch das große Online-Netzwerk für Studenten *StudiVZ* mit über fünf Millionen registrierten Nutzern geriet kürzlich ins Kreuzfeuer der Kritik, als RTL darüber berichtete, wie ein Reporter des Boulevardmagazins *Extra* dort Interessengruppen mit Namen wie »Sex gegen Taschengeld« oder »Kieler Studentinnen bieten Sex gegen Taschengeld« aufstöberte und mit einem Lockvogel namens »Lukrezia«, einer angeblichen Studentin, binnen kurzer Zeit über hundert Interessenten am bezahlten Sex fand.

Die vierundzwanzigjährige deutsche Studentin Isabel[6] ist der Französin Laura D. vielleicht besonders ähnlich – in der Art, wie sie sich vermarktet, und in der Einstel-

6 Mit diesem Namen trat die Studentin in den Medien auf.

lung, die sie zu ihrem Nebenjob hat. In der Zeitschrift *Neon* hat sie Anfang des Jahres ihr Bekenntnis zur Prostitution veröffentlicht. Ihre Freier suche sie sich über ein Sexportal im Internet aus, schreibt sie, und lasse sich Fotos schicken. Einhundert Euro die Stunde koste sie, manchmal auch einhundertfünfzig, je nach Lust und Laune. »Am schönsten ist die Erleichterung, wenn es zu Ende ist. Du willst mich ein zweites Mal treffen? Innerlich kotze ich. Die Tür ist zu, das Geld ist mein, ich bin froh, drehe die Musik auf und tanze ... fünf Minuten, dann fass ich mich wieder, sonst folgt die Depression darauf.«

Es gibt erste Anhaltspunkte dafür, dass der Trend zur Prostitution von Studierenden im Internet zunimmt und dass der Grund dafür Geldknappheit sein könnte: So verzeichnet das Internetportal www.gesext.de, in dem sich gern »Hausfrauen«, »Schülerinnen« und »Amateurinnen« deutschlandweit versteigern lassen und dem Höchstbietenden ihre sexuellen Dienste anbieten, seit Einführung der Studiengebühren 2007 angeblich einen Zuwachs von bis zu 400 Prozent, wie die Pressesprecherin des Portals Almut Knopp mitteilte. In der internen Auswertung ab Mai 2004 fanden sich unter den Gelegenheitsprostituierten jeden Monat weniger als 200 Studentinnen, ab September 2007 sei ihre Zahl plötzlich auf mehr als 800 gewachsen.

Die französische Studentengewerkschaft SUD schätzte die Zahl der Studentinnen im Jahr 2006, die sich prostituieren, auf 40 000. Auch wenn diese Zahl mittlerweile von verschiedenen Seiten angezweifelt wird und sich in Deutschland niemand mit einer Vergleichszahl hervorwagt, gibt es einige Anhaltspunkte dafür, dass die

Situation hierzulande nicht so viel anders ist. Zunächst einmal sind die gesetzlichen Bedingungen der Prostitution in Deutschland günstiger und die Einstellung der Gesellschaft eine andere. Seit dem Inkrafttreten des Prostituiertengesetzes gilt der Beruf nicht mehr offiziell als »sittenwidrig«. In allen Bundesländern wurde mittlerweile der »Bockschein« abgeschafft, wie im Prostituiertenjargon das regelmäßig zu erneuernde Gesundheitszeugnis genannt wurde. Er war ein zusätzliches Instrument der Kontrolle: Die Prostituierten waren den Gesundheitsämtern bekannt, die Polizei führte Listen mit den Namen der Frauen, und die Huren riskierten empfindliche Geldstrafen und Berufsverbote, wenn sie sich nicht regelmäßig untersuchen ließen.

Während die Prostitution hierzulande also zunehmend liberalisiert wird, geht der Trend in Frankreich, dem Land, das einst für seine Bordellkultur weltberühmt war, genau in die andere Richtung. Im März 2003 trat eine Gesetzesverschärfung, »la loi Sarkozy«, in Kraft, nach der Prostituierte auch für das »passive Anwerben«, zum Beispiel Anlächeln oder Blickkontakt, mit zwei Monaten Gefängnis oder Geldstrafen bis knapp viertausend Euro bestraft werden können. Laura D.s Befürchtung, gleich beim ersten Date verhaftet zu werden, war also nicht übertrieben. Heute denken linksliberale und rechtskonservative Politiker offen über ein Verbot der Prostitution nach schwedischem Vorbild nach – in Schweden werden ausschließlich die Freier, nicht aber die Prostituierten bestraft.

Auch wenn man die soziale Situation der Studierenden beider Länder vergleicht, entdeckt man wenige Unterschiede, die dafür sprechen würden, dass es deutschen

Hochschülern besser geht als ihren französischen Kommilitonen. Das deutsche Studentenwerk schätzte 2006 die monatlichen Lebenshaltungskosten eines Studenten auf 700 Euro. Davon bestreitet er jeden Monat 250 Euro Miete, gibt 160 Euro für das Essen daheim und in der Mensa aus, hat 86 Euro Fahrtkosten inklusive Auto, gibt 56 Euro für die Krankenversicherung und 57 Euro für Kleidung aus. 49 Euro fallen für Handy und Internet an, 37 Euro für Lernmittel. Studiengebühren, die je nach Stadt mit bis zu 500 Euro pro Semester ins Gewicht fallen, sind in dieser Rechnung noch gar nicht berücksichtigt, ebenso wenig eine Zahnkrone oder Urlaubsreise. »Mit einem durchschnittlichen Studenteneinkommen kommt man als Student an der TU Ilmenau vielleicht noch über die Runden, aber in München sieht das schon ganz anders aus«, gibt Achim Meyer von der Heyde vom Deutschen Studentenwerk zu bedenken. Dem Armutsbericht 2008 des Bundesarbeitsministeriums zufolge gilt als arm, wer weniger als 781 Euro im Monat zur Verfügung hat. Das durchschnittliche Einkommen eines Studenten liegt nach einer Erhebung des Studentenwerks aus dem Jahr 2006 mit 770 Euro darunter, wobei alle Herkünfte wie Bafög, Elternunterstützung und Nebenjobs berücksichtigt sind — das bedeute, so Meyer, dass knapp mehr als die Hälfte der rund zwei Millionen deutschen Studenten unterhalb der Armutsgrenze lebe. Das französische Studentenwerk CNOUS gibt die Lebenshaltungskosten der Studenten mit achthundert bis tausend Euro an, wobei alle Ausgaben, auch Studiengebühren, berücksichtigt sind. Mit Bafög gefördert werden in Deutschland nur dreiundzwanzig Prozent der Studenten, in Frankreich sind es zweiundzwanzig Prozent. Allerdings liegt der Höchstsatz des Bafögs hierzulande mit siebentausend Euro im Jahr deutlich höher als in Frankreich mit viertausend Euro.

In einem Punkt hatten die deutschen Studenten gegenüber ihren französischen Kommilitonen vor der Hochschulreform einen Vorteil. Das Studium war weniger verschult, ließ mehr Freiräume für Nebenjobs, der Leistungsdruck war in vielen Studiengängen vor allem zu Beginn des Studiums nicht so hoch wie in Frankreich. Dort gibt es keinen Numerus clausus, die Selektion verlagert sich also auf das Ende des berüchtigten »première année«, des ersten Studienjahrs. In vielen Fächern müssen die Studenten vom ersten Tag an pauken, denn nur diejenigen mit den besten Noten dürfen ins zweite Jahr vorrücken. In einer solchen Situation mag es naheliegen, einen unangenehmen Nebenjob anzunehmen, der dafür nur wenig Zeit in Anspruch nimmt.

Den Vorteil liberalerer Studienbedingungen büßen die deutschen Hochschüler allerdings gerade ein, denn im Zuge der Hochschulreform wird hier das Studium immer verschulter, und die Zeit, die für Nebenjobs bleibt, schrumpft dahin. Auch wenn sich im Augenblick vermutlich noch wenige deutsche Studentinnen durch einen wirtschaftlichen Notstand »gezwungen« sehen, ihr monatliches Budget durch ein »Bafög der anderen Art« aufzustocken – die Versuchung zur Prostitution könnte in Zukunft größer werden.

Bernhard Albrecht arbeitet als freier Wissenschaftsjournalist für Zeitschriften, überregionale Tageszeitungen und Fernsehsender. Er studierte Medizin und Publizistik in Bochum, Straßburg, Barcelona und Uppsala und schloss mit einer Promotion ab. Danach absolvierte er die Evangelische Journalistenschule in Berlin und lebt heute in München.